U0108465

新雅
名人館

···音樂神童···

莫札特

編著 黃修紀

新雅文化事業有限公司
www.sunya.com.hk

新雅 • 名人館

音樂神童 莫札特

編　　著：黃修紀
內文插圖：黃穗中
封面繪圖：余漢雲
策　　劃：甄艷慈
責任編輯：張可靜
美術設計：何宙樺
出　　版：新雅文化事業有限公司
　　　　　香港英皇道499號北角工業大廈18樓
　　　　　電話：（852）2138 7998
　　　　　傳真：（852）2597 4003
　　　　　網址：http://www.sunya.com.hk
　　　　　電郵：marketing@sunya.com.hk
發　　行：香港聯合書刊物流有限公司
　　　　　香港新界大埔汀麗路 36 號中華商務印刷大廈 3 字樓
　　　　　電話：（852）2150 2100
　　　　　傳真：（852）2407 3062
　　　　　電郵：info@suplogistics.com.hk
印　　刷：中華商務彩色印刷有限公司
　　　　　香港新界大埔汀麗路 36 號
版　　次：二〇一七年五月二版

ISBN: 978-962-08-6802-3
© 2002, 2017 Sun Ya Publications (HK) Ltd.
18/F, North Point Industrial Building, 499 King's Road, Hong Kong
Published and printed in Hong Kong

前言

　　十八世紀偉大的天才音樂家莫札特出生在奧地利的一個音樂家庭裏，他的父親是宮廷作曲家和宮廷樂隊副指揮。莫札特從小就有驚人的音樂記憶力，三歲就能在鋼琴上彈奏聽過的音樂片段。五六歲就能準確無誤地說出任何樂器上彈奏出的單音、和弦和音名。六歲起，父親帶他和姐姐到法、英、意等國大城市舉行音樂會，在歐洲最大的音樂中心維也納引起狂熱的轟動。八歲時，他寫了交響曲，並出版了四首古鋼琴和小提琴奏鳴曲。

　　音樂和莫札特是不可分割的一體，音樂就是莫札特；莫札特就是音樂。莫札特創作的歌劇音樂，將歌劇推向一個新時代；他寫的交響曲，也為後人奠定了音樂的基礎。莫札特精通多種音樂體裁，幾乎每一種音樂形式他都能運用自如，每一種樂器的獨奏、協奏曲目都留下了他的佳作。

　　莫札特深愛自己的親人、祖國，他有強烈的自尊心和民主思想，不甘屈辱。他一生都很貧困。

1791 年 12 月 5 日，凌晨，不滿三十六歲的天才音樂家英年早逝了，他被草草埋葬在貧民公墓。

　　莫札特早早地走了，他給後人留下的是寶貴的音樂財富。

　　他的音樂裏充滿了大自然的氣息。無論是歡樂還是痛苦、鬆弛還是緊張，一切都顯得順其自然。在神性面前，莫札特意味着人性；在人性面前，莫札特又意味着神性。他的音樂是天人合一的最生動的表徵。

目錄

一 使者降臨

一七五六年一月二十七日，星期日，奧地利的薩爾茨堡城寒風勁吹，大雪茫茫。在格特賴德巷一棟米黃色的樓房裏，一個偉大的小生命誕生了。

第二天一早，嬰兒被包裹在羊皮裏，冒着風雪，被送到附近的多姆普萊茨山上的羅馬克教堂接受洗禮。

大人抱着嬰兒站在聖母瑪利亞像前，鐵製的洗禮盤裏注滿了冰涼的聖水。聖水洗到嬰兒身上，嬰兒受了刺冷，發出陣陣哭叫。牧師給嬰兒起了個德語名字，譯成意大利語後，變為「阿瑪杜斯」，嬰兒的全名稱為「沃爾夫岡·阿瑪杜斯·莫札特」。

莫札特的父親利奧波德·莫札特是宮廷作曲家和宮廷樂隊副指揮，雖然有一份固定的收入，但家庭生活並不富裕。莫札特的母親瑪利亞·安娜·培爾特是一位身遭不幸的宮廷高級官吏的女兒，她性情溫柔、開朗，具有音樂天賦。他們總共生了七個孩子，五個夭折了，只剩下一七五一年七月三十日出生的女兒瑪麗安妮和最小的兒子莫札特。

莫札特的家離宮廷教堂不遠，父親每天都去那裏上班。他們家有兩間居室和一間客廳，客廳的窗戶對着洛赫爾廣場，窗台上擺滿了美麗的盆花。

當客人來到家裏時，母親就會呼喚孩子：「瑪麗安妮、莫札特，快出來會會客人。」

莫札特和姐姐會歡快地跑出來向客人問好，莫札特有時會親吻客人的臉，或者坐在他們的膝上。更多的時候，是客人們喝着媽媽煮的咖啡，看着莫札特和姐姐一邊唱歌，一邊在屋子裏相互追逐，家裏充滿了溫馨和歡樂。

瑪麗安妮七歲時，父親利奧波德·莫札特就教她彈鋼琴，瑪麗安妮很聰明，她學得很快，彈得很好。兩歲多些的莫札特就坐在地板上玩積木。不過，他有時會停下玩積木，用心聽姐姐彈鋼琴。如果聽得入迷，他還會站起來，蹣珊地走到鋼琴旁邊，望着姐姐的手指發呆。等姐姐彈完琴，他就伸出小手，在琴鍵上「叮叮咚咚」敲幾下，聽見琴鍵發出好聽的響聲，他快活地笑了。

莫札特在天天聽着姐姐的琴聲，常常看着爸爸和朋友們的演奏中慢慢長大，他越來越喜歡音樂了。有一天，他在鋼琴上找着一個三度的和音彈下去；接着，他又找着另一個三度

知識門

和音：
指同時發出的幾個樂音協調的配合。

7

的和音彈下去。這可是瑪麗安妮平日練琴時難彈的和音啊，父親見兒子能這樣準確地找出和音，欣喜若狂，他像發現了一個寶貝，搖着兒子的肩膀，快活地說：「你能找到和音，和音！兒子，你不簡單啊！」

莫札特靜靜地望着父親，好像這是很平常的事。

莫札特四歲了，父親開始教他彈鋼琴。莫札特坐在鋼琴旁邊，身軀挺得筆直，圓圓的眼睛盯着父親工工整整寫下的練習曲譜，他學得很認真，而且十分快，沒有多久，他的小手已能把鍵盤掌握得十分熟練。他彈完一曲，有時會問父親：「我彈得好嗎？」

「好，好極了！」父親抹一下他的頭髮，「你在這方面，簡直是個天才。」

莫札特無論聽什麼音樂，都能聽一遍就記住。他真有讓人吃驚的天賦。

父親授完課，會對他說：「今天的課上完了，去玩吧！」他擁抱一下兒子。莫札特很快從琴凳上跳下來，抓起父親放在鋼琴旁邊的手杖，夾在胯下騎着，滿屋子跑，像一匹小野馬，直到媽媽喊住他：「別瘋了，莫札特。」他才停下來。

有一天，發生了這樣一件事。

這是一個星期四的下午，父親和他的好朋友宮廷號

手沙赫特納回到家裏。父親一進門就喊着：「莫札特！莫札特！」可是沒有人回答。父親衝進屋裏，只見莫札特獨自一人專心致志地伏在寫字台上，不知塗畫着什麼。

父親對他喊道：「莫札特，你在幹什麼？」

莫札特頭也不抬地回答：「別打岔，我在寫鋼琴協奏曲呢，馬上就要寫好了。」

父親大步流星地向他走去，果然，他正在五線譜紙上畫着音樂符號。父親說：「讓我看看。」

莫札特捏緊五線譜紙說：「您別看，讓我彈給您聽。」

他拿着五線譜紙，跑到客廳裏，坐到鋼琴邊，認真彈起自己的曲子來。

這是莫札特創作的第一首樂曲。他還不到五歲。

父親和沙赫特納聽完他的曲子，兩人對視了好久。這首曲子雖有一些不足之處，可他確實寫得很有難度，是一支協奏曲呀！如果只學過一點音樂的人，是無法演奏它的，父親激動萬分，他發現了小天才。

莫札特對父親說：「爸爸，這首曲子難彈極了，難怪它叫協奏曲了。但多練習就會熟練吧。」

知識門

協奏曲：

指由一個獨奏者（奏小提琴、鋼琴等）和一個管弦樂隊合作演奏的大型器樂曲。

10

父親擁抱他，說：「莫札特，你寫得真不錯！」

沙赫特納點了點頭，說：「啊，這真是奇跡！」

莫札特五歲了。有一天下午，沙赫特納和宮廷小提琴手文策爾到莫札特家中，文策爾寫了幾首三重奏曲子，想和莫札特的父親一起練習三重奏。

莫札特的父親拿來小提琴，三人擺開演奏架勢，莫札特見父親和叔叔們要練琴，立即拿來自己的那把小提琴，等聽完大人們拉過一遍以後，他對父親說：「爸爸，讓我來做第二小提琴手吧。」

父親推開他，說：「小孩子，別胡鬧，你沒學過，怎麼當第二小提琴手？」

莫札特繼續要求着，說：「我聽熟了，我做到的。」

父親又一次拒絕了他，他快要哭了。

在一旁的沙赫特納說：「讓孩子和我們一起拉吧，他不會拉得很響的。」說完，沙赫特納朝莫札特擠了一下眼睛。

合奏開始了，沙赫特納一邊拉琴，一邊聽着莫札特的琴聲，這個五歲的小傢伙，竟把整個第二小提琴手

三重奏：
指三件樂器的演奏者，各按自己所擔任的聲部演奏同一樂曲。

11

的樂曲都拉了下來，而且拉得相當準確、漂亮。一曲終止，父親再也忍不住了，他緊緊摟住兒子，熱烈地親吻他，淚水模糊了自己的眼睛。

　　莫札特從小就顯露了他的音樂天才，他驚人的音樂天賦，震驚了每一個人。他對音樂的愛好是來自於心靈的驅使，他不單是一個琴技非凡的神童，而且是有非凡創作能力的音樂家，這種創作音樂的慾望伴隨了他的一生，他是上帝派來的音樂使者。

1. 莫札特是在怎樣的家庭裏長大的？
2. 從哪裏可以看出莫札特的音樂天分？

二 歐洲之旅

一七六一年秋天，薩爾茨堡中學為慶祝過年，排練了一齣拉丁語喜劇，準備過年前上演。他們需要一個兒童合唱團，就在市內挑選，莫札特很快被選中，這是他參加的第一次演出，這年他才五歲。

莫札特生活得很愉快，他像小天使一樣活潑、可愛。他聽話、溫順，對人親切。他不管上什麼課都一學就會，十分輕鬆。他學算術時，家裏的牆壁上，地板上，桌子、椅子上都是他畫的數字，不過，他最喜歡的還是音樂。不管他有多頑皮，或是嬉戲得多快活，只要一彈上鋼琴或管風琴，就把別的事忘得乾乾淨淨。

知識門

管風琴：
鍵盤樂器，用幾組音色不同的管子構成，由風箱壓縮空氣通過管子而發出聲音。

十八世紀的歐洲，音樂家的社會地位不高，他們得用自己的音樂才能來換取麵包。生活的好壞又取決於名望，父親希望莫札特早日取得名望。瑪麗安妮已經十歲了，她彈得一手好鋼琴；莫札特也六歲了，他的鋼琴和小提琴都彈奏得十分出色。為了莫札特的未來，父親決

13

定開始一次短暫的旅行生活。

他們第一站是慕尼黑。

慕尼黑，是巴伐利亞的首都，選帝侯宮廷的所在地。莫札特只要在那裏出了名，很快就會在各國傳揚開來。

準備動身前，莫札特的母親找出孩子最厚實的衣服，一件件刷洗乾淨；母親還縫製了幾件漂亮的禮服，給他們參加音樂會時穿。

> **知識門**
>
> 選帝侯：
> 神聖羅馬帝國中參與選舉皇帝的諸侯。

「媽媽，還要帶上這厚厚的襪子和手套嗎？」瑪麗安妮問母親。

「當然。」母親和藹地説，「慕尼黑的冬天相當寒冷。」

「媽媽，」莫札特説，「這鈕扣也要擦亮嗎？」

「當然。」母親回答，「要讓你們演出時，穿得漂漂亮亮的。」

一七六二年一月十二日清早，一輛高大的驛車轟隆轟隆駛過洛赫爾廣場，壓着積滿雪的骯髒的鵝卵石地面，停在莫札特家的大門前。母親抱着衣物下樓，孩子們興高采烈地跟在她身後。

莫札特的父親頭戴氈帽，身穿大衣站在馬車旁邊，

孩子們一到，他就把他們一個個抱上車。母親將一條羊毛氈蓋在兩個孩子的膝上，再給他們遞上麵包、飲料。母親很不放心地對女兒說：「瑪麗安妮，你要照顧好莫札特。」

瑪麗安妮甜甜地回答：「媽媽，我會的。」

母親又給莫札特蓋的羊毛氈壓壓緊，對他說：「你要聽話，做個好孩子。」還吻了一下他的臉頰。

「我會聽話的。」莫札特擁抱了一下母親。

車子啟動了，莫札特的父親擁抱了一下妻子，飛快地跳上馬車，「乓」一聲關上門。馬車伕甩響了鞭子，馬車慢慢向前駛去。

莫札特的母親站在家門口，看着車子漸漸駛遠，眼裏噙滿了淚水。

莫札特的父親是位交際家，他一到慕尼黑，就四處拜訪朋友，為兩個音樂神童大肆宣傳。一些達官貴人懷着好奇心，很想看看這兩個孩子。不久，莫札特和姐姐就被邀請到幾家顯赫的貴族官邸去演奏。他們嫻熟的演出技巧，活潑可愛的模樣給大家帶來了歡樂，留下了很深的印象。他們所到之處，受到熱烈的歡迎和讚揚。沒有多久，他們被邀請到選帝侯馬克西米利安·約瑟夫的宮殿去演奏，又獲得成功。

　　三個星期演出結束時，他們不僅名聲大震，而且收入也很豐厚，這使莫札特的父親有了更大的打算。

　　他們回到薩爾茨堡，父親讓莫札特埋頭學習、苦練，能夠做到對任何音樂難題都應付自如。

　　七個月後，父親又僱了一輛大馬車，要把全家拉到維也納。他們除了衣物，還帶上了鋼琴、小提琴、樂譜架，把馬車頂篷都佔滿了。

　　維也納的上流社會已得知莫札特要來的消息，大家盼望神童的到來。他們一到，伯爵夫人、公爵夫人爭相邀請，還比賽誰招待得最好，最有氣派。莫札特和瑪麗安妮每天演奏，很是快樂，父親的眼睛卻盯着舍恩博隆宮。他希望孩子們能到王宮裏去演出，這對他們會更有好處。

　　終於有一天，國王的詔令下來，這使利奧波德・莫札特興奮得一夜沒好好合眼，全家人忙着進宮的準備。國王的私人總管坐着一輛皇家馬車來接他們。叩見國王、王后時，父親有些拘束不安；莫札特卻十分自在。王后瑪麗亞・特蕾莎很親切地和莫札特說話，莫札特見王后像母親一樣慈祥，就爬上她的膝蓋，摟着她的脖子親熱地吻她；王后也歡喜地吻了他。

　　莫札特和瑪麗安妮在王室沙龍表演鋼琴二重奏、獨

奏和小提琴、鋼琴協奏曲，莫札特還作即興演奏，給宮廷帶來許多歡樂。

一天，莫札特和王后的幾個孩子在宮廷裏玩，莫札特走在瑪麗·安東奈特和她姐姐中間，突然，莫札特不小心滑了一跤，摔倒在地上。瑪麗·安東奈特的姐姐毫不理會地朝前走，瑪麗·安東奈特卻跑過來扶起他。

莫札特對她說：「你真好，等我長大了，一定娶你。」

王后在一旁聽了，笑出聲來，她問莫札特：「你為什麼要娶她？」

莫札特說：「她待我好，我很感激她。」

王后更喜歡他的天真可愛了。

在王宮的那些日子裏，莫札特過得很快活。可他對音樂的態度十分認真，他曾站在接待室裏聽約瑟夫王子和他的老師在琴房裏拉小提琴二重奏，聽着聽着，他會尖聲地喊起來：「不對，走調了！」有時聽得很入耳，也會大聲說：「不錯，棒極了！」

王公貴族熱情地邀請，使莫札特和瑪麗安妮的時間排得滿滿的，他們每天差不多都要到深夜才回家。對於這樣的生活，父親感到沾沾自喜，因為歐洲之旅獲得了成功。可是由於過度勞累，莫札特病倒了。

一七六三年一月，莫札特一家又回到了老家薩爾茨堡。

在薩爾茨堡休養生息的日子裏，利奧波德‧莫札特又在計劃着下一次的旅行。

想一想

1. 為什麼莫札特的父親要帶莫札特和瑪麗安妮到歐洲？

2. 他們的歐洲之行有什麼成功的地方？

三　音樂小神童

　　十八世紀中葉的歐洲，戰爭此起彼伏，國界版圖變化無常，只有法國、英國、俄國等幾個國家在外表上還保持着統一。德國和意大利都分裂成幾十個小公國，每個小公國都有自己的朝廷和統治者。它們在名義上都由羅馬帝國管轄。

　　由於戰火連綿，各小王朝各自為政，給莫札特一家的長途旅行帶來許多不便。從這個小公國到那個小公國都有繁瑣的手續和檢查，而那些旅館骯髒不堪，房間裏灰塵積得很厚，跳蚤、臭蟲、老鼠十分猖獗，可店主還要收很昂貴的住宿費。這樣惡劣的環境沒能阻止莫札特父親要讓兒子成才的願望，在薩爾茨堡休息六個月之後，父親敷衍了一下自己的差事，準備去巴黎。

　　五月，天氣已經轉暖，莫札特也養好了病，在音樂方面又學了不少東西。有一天，父親向全家宣布：「這一次，我們去巴黎！」

　　瑪麗安妮跳起來，說：「去巴黎？太好了，它一直是我想去的地方。」

莫札特睜着大眼睛問父親：「那裏有豪華的凡爾賽宮嗎？」

父親回答説：「是的，我們要爭取到那裏去演出。」

一七六三年六月九日，全家第三次外出旅行。這時莫札特七歲；瑪麗安妮十一歲。一路上，陽光溫暖，春風和煦，樹木和草地一片綠色，他們在去巴黎的途中，沿路拜訪一些達官貴族。

馬車行進到瓦塞爾堡時，由於道路不平，不慎翻了車，幸好一家四口無人受傷，馬車的輪子卻脫下了，在等候修理馬車的時候，父親組織了臨時演奏，莫札特在瓦塞爾堡的廣場上拉了小提琴，圍看的人不計其數。

他們到達美因茨時，利奧波德·莫札特籌劃了一次公開音樂會，他為孩子們作了廣告：

「薩爾茨堡樂隊指揮利奧波德·莫札特先生的公子小姐，才藝驚人。十一歲女童將演奏難度極大的樂曲；七歲男童將彈奏鋼琴和管鍵琴，還將表演小提琴協奏曲。演出會上，熱情者可在遠處以鋼琴或其他樂器發出任何音符，無論單音，和弦，男童即可報其音名……」

知識門

音符：
音樂術語。樂譜中用以表示音的符號。

單音：
單獨的一個音。

和弦：
指三個以上的音同時發響。

20

　　這廣告引起市民極大的興趣，門票很快一搶而空。莫札特的演出實在是不同凡響，他的演奏讓觀眾如癡如狂，音樂廳裏掌聲不斷，人們讚歎着這個七歲的男孩能彈奏出如此美妙的音樂。音樂會上，果然有人擊弦要莫札特説出音名。莫札特十分從容，大聲報出：「您彈的是『3』，您彈的是『2』、『4』、『7』的和弦音。」

　　觀眾為他神奇的聽力喝彩，為他歡呼起來。

　　就在這次演出中，觀眾席上坐着一位鬈髮的英俊少年，他被莫札特的音樂才能深深吸引住了。他就是以後盛名遠揚的約翰·沃爾夫岡·歌德，那時他才十四歲。

　　在美因茨演出後，他們又經過了科布倫茨、波恩、科隆……最後來到巴黎。路上經過了五個多月的時間。

　　十一月的巴黎，寒冷又多雨，街道泥濘污濁。人們得坐馬車或者轎子才能保持衣服的整潔，莫札特的父親僱了幾頂轎子，整天在巴黎的街上來回拜訪名人貴族。

　　莫札特的名氣傳進了凡爾賽宮。

　　一七六四年元旦，路易十五國王和王后邀請莫札特一家到王宮中去看王室一家進餐。這在當時是國王對一般臣民的莫大寵幸，這使莫札特一家萬分興奮。媽媽將瑪麗安妮和莫札特打扮一番，隨後一家人來到王宮。他們「榮幸」地站在椅子旁邊，像僕人一樣，看着波旁王

族一家人吃飯。

莫札特站在王后身旁，王后看他聰明伶俐，一會兒拿一塊蛋糕，一會兒拿一片水果給他吃，並用德語和他說話。莫札特的父親和母親看到王后這樣喜歡莫札特，心裏充滿了幸福感。

這次召見，他們給王室留下了很好的印象。波旁王室為莫札特和瑪麗安妮在費利克斯先生私人住宅的小劇院裏舉行了兩次音樂會，令莫札特一家得到了很好的收入。

莫札特的演出轟動了巴黎，一些有身分的貴族都邀請莫札特到府上來演出，在他們看來，能請到莫札特是一件很光彩的事。

有一次，在一家貴族府上，莫札特即興為阿勞西亞小姐唱意大利抒情歌曲伴奏。他從未聽過這首歌曲，但他能隨着阿勞西亞小姐的演唱，將伴奏曲彈得十分和諧，使在場的人驚奇萬分。

知識門

伴奏曲：
樂曲的組成部分之一，用以襯托主要演奏部分的曲子。

阿勞西亞唱完後，莫札特對這首歌已全部熟悉，他對阿勞西亞小姐要求道：「請您再唱一遍，讓我再次為您伴奏，我能彈得更好。」

阿勞西亞又唱了起來，這回他彈出了和聲，伴奏顯得更美，更有韻味了，貴族們讚歎着這個八歲男孩的音樂才華。莫札特得到了讚賞，興奮得將這首曲子反覆彈奏，每一遍換上不同的變奏，如此彈奏了十多遍，直到別人的制止，他才停下來。

巴黎之行讓莫札特大開眼界，收入豐厚，生活也安定了許多。

在那個春光明媚的早晨，莫札特在博豐旅館——位於巴黎市區貴族聚居區的一家旅館，閒得無事，他便坐到了鋼琴前，兩手撐着琴凳，小腿輕輕地晃動着，突然，有一股泉水從心中流出，它是那樣甜蜜，美妙，簡直要從胸口噴湧出來。莫札特站起身，抓住鋼琴上的鵝毛筆，沾上墨水，趴在琴架上寫了起來，只一會兒，一首小提琴伴奏曲和一首鋼琴奏鳴曲便寫好了。

當他打開琴蓋，彈奏這兩首曲子時，父親從屋裏衝了出來，他喊道：「莫札特，這是你的新作品？」

莫札特不看父親一眼，仍沉浸在自己美妙的音樂聲中。

父親又喊道：「寫得真好！又是創舉啊！」

知識門

和聲：
指兩個以上的音按一定規律同時發響。

奏鳴曲：
樂曲形式之一，一般由三個或四個性質不同的樂章組成，用一件或兩件樂器演奏。

23

　　這兩首樂曲充滿了童稚的快樂，可它又像巴黎香水一樣滲透着縝密、雅緻的風格。父親相信，這兩首曲子的創作會給兒子帶來更大的榮譽。

　　父親找了奧爾良公爵的秘書格林先生，在格林先生的幫助下，這兩首曲子得以出版。這是莫札特第一次寫下的奏鳴曲，在出版的奏鳴曲扉頁上寫着：「作曲：薩爾茨堡的 J·G·沃爾夫岡·莫札特，時年七歲。」

　　莫札特在巴黎的日子，給巴黎的上層社會注入了極大的音樂活力。

1. 去巴黎途中，莫札特做了些什麼？路上有哪些艱辛？

2. 莫札特給巴黎帶來了什麼？

四 第一部交響曲

一七六四年四月，莫札特一家越過英吉利海峽，來到英國的倫敦。

到了倫敦，利奧波德·莫札特就帶着推薦信四處奔走，讓達官貴人們知道，神童莫札特來了。果然，不久他們就接到國王喬治三世的邀請信，讓他們去王宮為國王和王后演出。這消息使莫札特一家高興萬分，母親拿出孩子們的演出服裝，莫札特和姐姐瑪麗安妮趕緊選排節目。

喬治三世對莫札特在巴黎上層社會引起的轟動早有所聞。國王是位和藹、文雅、平易近人的人，他一見到莫札特，就特別喜歡他。他拉着莫札特的小手説：「你真是個可愛的孩子！」

莫札特低頭吻了一下國王的手，説：「您是最慈祥的父親。」

王后聽了，在旁邊抿嘴笑，説：「真是個小機靈。」

國王問莫札特：「你彈過約翰·

知識門

約翰·塞巴斯蒂安·巴哈：

（1685-1750），德國音樂家，作曲家。對少年莫札特有過影響。

塞巴斯蒂安·巴哈和亨德爾的作品嗎？」

莫札特說：「沒有彈過，可只要有樂譜，我就能演奏。」

國王把約翰·塞巴斯蒂安·巴哈和亨德爾的作品放在莫札特面前的鋼琴架上，然後坐在一旁聽他演奏。莫札特運用亨德爾作品的低音部分為基礎彈奏了一首極為動人的曲子，演奏結束時，國王帶頭為他鼓掌，在場的人都稱讚着：「多美的音樂！」「這孩子真了不起！」

莫札特的演奏技藝越來越成熟。

去王宮演奏後的一個星期天裏，莫札特一家在聖·詹姆斯公園散步，沒想到會遇上國王和王后的車隊。王后先認出他們，她向國王指道：「莫札特！」國王喬治三世立即推開窗，探出頭，微笑着向他們揮手。莫札特立即向國王飛吻問好。莫札特已成為那時最受貴族們寵愛的音樂家之一了。

六月五日，是國王的生日，利奧波德·莫札特為了感謝國王的恩寵，特地舉辦了一次義演音樂會。他請了一支英國樂隊，為了迎合英國人的口味，他讓莫札特扮演一個英國愛國者，演奏一首管風琴協奏曲。莫札特的

知識門

亨德爾：
（1685-1759），英國作曲家。

27

表演活潑可愛，管風琴又彈奏得動聽，很受大家歡迎。莫札特走下台，掌聲還在那裏響動。利奧波德·莫札特對兒子說：「這就是贏得英國人歡心的方法。」

有一次，他們參加了一位侯爵的招待會，在那裏，有一千五百個客人出席，花園裏用一萬盞燈照亮着。一位英國作家看着音樂小神童莫札特的表演，不禁歎道，「這個孩子出於本能懂得的音樂比許多大樂師鑽研了一輩子所學的還多。」

不斷地演出，不斷地受到好評，使莫札特有了創作的衝動。這時，他已掌握了管弦樂方面的知識，很想寫一點像樣的作品。

由於勞累，利奧波德，莫札特得了扁桃體膿腫的病，醫生要他靜心臥牀休息，要孩子們讓父親安心養病。

瑪麗安妮說：「我們不會吵父親的。」

莫札特跟着說：「我們走路會一點兒聲音也沒有。」

從這天起，莫札特不到父親的牀邊去玩耍，輕手輕腳坐到寫字台跟前，開始構思他的作品。他看見許多音符在眼前飛，有許多美妙的東西在心頭泛起，那悠揚動人的旋律在心中撞擊，他克制不住自己，拿筆在五線譜

知識門

管弦樂：
管樂器、弦樂器和打擊樂器配合演奏的音樂。

28

紙上畫起來。

過了許久，瑪麗安妮發現莫札特獨自一人在桌前乖乖地坐了許久。瑪麗安妮向他喊道：「莫札特，你在幹什麼呀？」

「我在寫交響曲。」莫札特頭也不抬地回答。他已在五線譜紙上，畫了許多彎彎曲曲的音樂符號。

莫札特終於寫完了他的第一部交響曲。當時他只有八歲多。

他和姐姐彈奏他寫的交響曲，

那婉轉明麗的曲子使生病的父親振作起來，他起牀站在門口靜聽莫札特的交響曲，激動得熱淚盈眶。莫札特彈完交響曲，回頭看見爸爸，他笑着説：「爸爸，您聽見了？」

「聽見了！」父親向他走去，一把將他摟在懷裏，説：「莫札特，這就是你的作品，你的第一部交響曲，寫得真棒！」

這以後，莫札特的創作接連不斷，他又寫了幾部交響曲，還寫了許多小提琴和鋼琴奏鳴曲。

這年冬天，倫敦飄起了紛紛揚揚的雪花。莫札特在窗前向外張望，希望快些見到出外辦事的父親的身影，

因為這天晚上意大利歌劇團要在倫敦舉行首場公演，父親答應帶莫札特去看這場演出。他終於看到了爸爸的身影，高興得跳起來，對母親說：「哦，爸爸回來了！」

在這樣的一個雪夜，在這樣豪華的劇院，莫札特第一次聽到了真正出色的美妙絕倫的演唱。意大利的喬尼亞‧曼佐利是個男唱女聲的著名歌唱家，表演得惟妙惟肖，莫札特太喜歡他的演唱了。

演出結束後，經人介紹，莫札特認識了喬尼亞‧曼佐利。這位歌唱家很喜歡莫札特，在繁忙的演出中間抽空給莫札特上了幾次有關歌唱法的課程。莫札特很用心地聽，點滴不漏地吸收這些知識，從中學到不少東西。

莫札特創作獲得了很大進展，父親為他舉辦各種音樂會，讓他彈奏自己創作的曲子，包括第一部交響曲。父親還為他四處宣傳：莫札特是大自然的奇跡；是上帝創造的神童。

父親到處張揚，使有些人對莫札特這個「大自然的奇跡」產生了一些懷疑，有一位叫戴恩斯‧巴林頓的學者給薩爾茨堡人去信，調查莫札特的真實年齡，得到了肯定的答覆。他又對莫札特進行幾項嚴格的音樂測驗，莫札特毫不費力地通過了這些測驗。有一次，莫札特正在為巴林頓演奏一支曲子，忽然看見可愛的貓走進來，

他立刻離開了管鍵琴，跑去與貓玩耍，好半天也沒法把他叫回來。

「他是個真正的孩子！」巴林頓説。他打消了原先的疑慮。

莫札特在英國待了一年多，離開倫敦前，父親將莫札特寫的一首聖歌《上帝是我們的庇護者》贈給了大英博物館。

一七六五年九月，他們乘船來到荷蘭。由於長時間的奔波勞累，莫札特和瑪麗安妮都得了重病，他們高燒不退，昏沉沉地説着胡話，卧牀不起。

孩子們的病情好轉些後，父親帶着全家離開荷蘭。

一七六六年十二月，他們終於回到了闊別三年半的故鄉薩爾茨堡。

想一想

1. 莫札特的天才從哪裏看出來？
2. 從哪裏看出莫札特好學？

五 第一部歌劇

回到薩爾茨堡家中以後，利奧波德‧莫札特便讓兒子繼續學習，掌握**對位法**。他把巴哈、亨德爾、哈塞和埃貝林的作品給莫札特作範例。

莫札特刻苦學習了兩年多。

一七六九年秋天，維也納的哈布斯堡家族，要給公主瑪麗亞‧約瑟法辦婚嫁喜事。利奧波德‧莫札特想利用這個慶典音樂會，檢驗一下莫札特的學習成果。

他們一家來到維也納，他們剛住進高橋街的一家旅館，一場可怕的天花疾病就在維也納流行開來。新娘瑪麗亞‧約瑟法染上天花，喪了命。不幸的是莫札特和姐姐瑪麗安妮也染了天花病。莫札特的眼睛失明了好幾個星期，才漸漸恢復，但視力已大受損害。

病好以後，莫札特和瑪麗安妮來到王宮，王后瑪

知識門

對位法：
複調音樂寫作技法之一。其法使每個聲都具有獨立性，同時又彼此和諧，成為統一的整體。

輪唱曲：
用同度手法寫成的聲樂曲。分兩個或兩個以上的聲部，按一定時距先後歌唱同一旋律，各聲部相互追逐、交疊，構成良好的和聲關係。

麗亞‧特蕾莎很親切地接待了他們。她剛失去丈夫和女兒，對莫札特姐弟如同慈母般親切。她的兒子約瑟夫繼承了王位，約瑟夫很看重莫札特的才華。

利奧波德‧莫札特一直在為兒子尋找寫歌劇的機會，終於與人商定，讓莫札特為一個題為《裝癡賣傻》的歌劇本寫總譜。這是莫札特創作的第一部歌劇總譜，他當時還缺乏創作大型歌劇的知識和經驗，結果歌劇未能上演。

當時維也納著名醫生梅斯梅爾大夫為了安慰莫札特，請他譜寫了小型歌劇《巴斯蒂思和巴斯蒂娜》的曲子，並在家裏演出，它果然寫得比《裝癡賣傻》要好得多。

從維也納回到薩爾茨堡，西吉斯蒙德大主教給了莫札特一個較低的職位：「樂師指揮」。莫札特除了指揮演唱外，要為教堂譜寫輪唱曲和小彌撒曲，還有組曲、輕音樂，以及為大主教舉辦的宴會伴奏的弦樂合奏夜曲等。

知識門

彌撒曲：
天主教在舉行彌撒時所演唱的複調風格聲樂套曲。

組曲：
由若干器樂曲組成的套曲，其中各曲有相對的獨立性。

輕音樂：
指輕快，活潑，以抒情為主，結構簡單的樂曲，包括器樂曲、舞曲等。

夜曲：
流行於十八世紀西洋貴族社會中的一種器樂套曲。常在夜間露天演奏。

　　莫札特的父親不甘心讓兒子過這種平淡無奇的生活，又一次帶着莫札特離開家鄉，去意大利開拓新世界。意大利是當時音樂界的中心，只有在這裏接受過訓練的人才會成為真正的音樂家。

　　羅馬和波倫亞的宗教音樂是一流的；那不勒斯有最好的歌劇，馳名天下的作曲家受聘那不勒斯寫歌劇，他們的作品結構龐大，華麗無比。世界上著名的歌唱家都願意說自己是那不勒斯人，或是由那不勒斯培養出來的。

　　莫札特的父親想讓莫札特熟悉意大利音樂的每一種形式，莫札特在意大利聆聽各種音樂，主要是歌劇和各種教會音樂。學習了聲樂的所有表現手法。另外，莫札特的鋼琴彈奏和各種器樂的創造能力，使意大利人驚訝和佩服，十四歲的莫札特在那不勒斯，成了人們談話的中心。

　　在那不勒斯的日子雖然愉快，可利奧波德·莫札特更嚮往羅馬。這一年，他們趕到羅馬過聖節，莫札特被羅馬的媚麗征服了，不管是聖彼得教堂，還是聖徒保羅英俊的模樣，都讓莫札特着迷。

　　莫札特和父親經常出入梵蒂岡，他們穿着漂亮的衣服，說着德語，不少人把莫札特當作德國貴族。有一

天，莫札特站在兩位紅衣主教的椅子中間，一位叫帕拉維希尼的紅衣主教問他：「請告訴我，你是誰？」

莫札特笑着説：「我是莫札特。」

帕拉維希尼主教驚奇地抬起頭，説：「什麼，你就是那個有名的音樂神童麼？」

莫札特説：「是的。可我知道，您是享有盛名的帕拉維希尼紅衣主教。」

紅衣主教更喜歡這個聰明伶俐的孩子了。

羅馬的大教堂藏有著名的《聖詠第五十篇》：《愉快的聖詠》，教堂對它視為珍寶，任何音樂家都不准擅自取走其中任何一部分，不許抄錄和帶出教堂，違者開除教籍。

這是在聖周的日子裏，莫札特和父親星期三下午去西斯廷教堂，在那裏聽完了《愉快的聖詠》。莫札特全神貫注地傾聽，讓每個音符都鐫刻在自己的心中，教堂的典禮一結束，他就急忙趕回旅館，抓起筆和紙，把整個曲譜都寫了出來。只有幾處，莫札特感到還不太有把握。星期五，是耶穌受難日，莫札特又趕往西斯廷教堂，把寫好的總譜夾在帽子裏，偷偷記下幾個修改處。

這件事很快傳了出去，幸運的是莫札特沒有被開除教籍，還被邀請帶着總譜去參加一次聚會。在聚會上，

西斯廷教堂的演唱者克里斯托弗利證實了這份總譜的準確性。莫札特此舉又出了名。

在即將離開羅馬的時候，莫札特收到了教皇頒發的金製騎士敕令和金質勳章及「貴族騎士」封號。

此後，在波倫亞，莫札特經過嚴格的考試，成了音樂研究院的一名院士。

在意大利米蘭，莫札特創作了處女作《海洋之王》這部歌劇。因為他已掌握了歌劇的寫作技巧，也是第一部正式上演的作品。

《海洋之王》將在米蘭劇院上演時，一些意大利人怎麼也不相信，一個德國孩子居然寫出意大利歌劇。這些人詆譭他的作品，妄圖使他名望掃地。

莫札特的父親憂心忡忡。

一七七〇年十二月二十六日，《海洋之王》首場公演，著名指揮家唐·阿馬蒂奧親自指揮交響樂隊伴奏，隨着台上劇情的發展，觀眾被吸引，又為音樂陶醉，演出一結束，觀眾爆發出熱烈的掌聲和情不自禁的歡呼聲：「萬歲，大師！大師，萬歲！」

莫札特被人們擁上台，鮮花向他拋來，他掉下了激動的淚水。

1. 莫札特的「貴族騎士」封號是怎麼來
   的？

2. 莫札特上演的第一部歌劇是什麼？

六 回到薩爾茨堡

莫札特又回到了故鄉薩爾茨堡，他已經十五歲了。

莫札特在外開過眼界，家鄉的一切都顯得黯然失色。他有一種失落感，渾身都不太自在。他一面恣意取樂，一面又罵些粗俗不堪的語言。在藝術上，他有着高雅的欣賞能力，可和鄰居逗起樂來，卻又講笨拙、粗魯的笑話，有時對家鄉人討厭到恨不得馬上躲開的地步，他處在自相矛盾的境地。

薩爾茨堡的社會地位等級森嚴，最上層是大主教和少數幾個顯赫的貴族；中間是一些小貴族和紳士；再下是一般的城鎮百姓了。

回到故鄉，全家仍住在格特賴德巷的那棟房屋裏。父親擔任着宮廷的樂隊副指揮，莫札特有個次要的職位。莫札特常與小貴族和紳士來往，不過，來往更多的是低一層的平民百姓，莫札特為鄰居哈夫納家的喜事寫了優美的D大調《哈大納》交響曲，和動聽的D大調小夜曲。遇上星期

知識門

大調：
西洋自然大調式的簡稱，樂曲調式的一種，包含七個音符。

39

天，莫札特常到親朋好友家去玩**套圈**的遊戲，他們有時打撲克牌；有時奏一曲室內樂……鎮上經常舉行舞會，他們會請莫札特為舞會譜幾支**舞曲**。市政廳旁有一個娛樂廳，那裏的化妝舞會，莫札特最引人注目。

一七七二年春天，莫札特十六歲了。他生氣勃勃，爽朗活潑，臉色紅潤，眼睛帶灰褐色，看上去十分英俊。每到正式場合，他戴上假髮，穿着考究，舉止很有分寸。莫札特進入了青春期，開始對女生心動。

儘管父親對他嚴格監督，給他灌輸崇尚美德，自我克制的青年修養，但都無法抑制住莫札特發自內心的青春衝動。常常會有一些姑娘迷住他。他和這個姑娘熱戀上幾星期，又另交新歡。

不過，在家鄉的這段日子，莫札特在創作上還是十分勤奮的。

利奧波德·莫札特原先的僱主西吉斯蒙德大主教死了，繼任的是具有威名的赫羅尼姆斯。他不喜歡薩爾茨堡人，特別對薩爾茨堡人引以為驕傲的莫札特一家更是苛刻、冷淡。主教大人把宮廷中所有的好空缺都給了外

知識門

舞曲：
以舞蹈節奏為基礎而寫成的器樂曲或聲樂曲。分為供伴舞和獨立演奏兩種。

套圈：
遊戲的一種，參與者手持圈狀圓環站到指定位置扔出，圓環套中的物品可作獎品。

國人。音樂方面的好職位讓意大利人佔了。這時莫札特父親夢寐以求的樂隊指揮的職位空缺了，然而沒有任命他。莫札特擔任卑微小職的年薪也很少。

莫札特出於對音樂的喜愛，寫了一大批非常出色的音樂作品，有彌撒曲、應答祈禱曲、兩重輪唱、組曲、各種輕音樂和協奏曲、交響曲。莫札特的創作水平有了顯著提高，一有題材好寫，父親就陪他出遠門。一七七二年十月，他和父親最後一次去意大利，他寫下了《路琪奧·西拉》，十二月，歌劇《路琪奧·西拉》在米蘭上演。他又為著名男唱女聲歌唱家羅茲尼寫了充滿朝氣的聖歌《喜悦，歡騰》。以後，他又隨父親奔波在薩爾茨堡與慕尼黑之間，完成了歌劇《扮成園丁的姑娘》和《牧羊的國王》。他的曲調悠揚婉轉，緊扣人們的心弦，無論從主題思想，還是藝術形式上，都是不朽的。

春去冬來，年復一年，莫札特在故鄉已呆了近六年，他二十一歲了，仍舊沒有地位，更談不上前途。

父親準備向大主教赫羅尼姆斯請長假，帶莫札特出去旅行一次，如果能弄到一個宮廷的職位，就把他留在那裏。可是主教斷然拒絕了他的請求，乾脆不讓他走。

知識門

祈禱曲：

宗教儀式中的一種樂曲。

莫札特再也按捺不住心頭的怒火，遞交了自己的辭職書。

辭職之後，莫札特心花怒放，大有一種徹底擺脫束縛的感覺。他幻想着一個人出去旅行，在去巴黎的途中碰上哪個宮廷願意接納就呆上幾天；他還會受到國王和王后的青睞……可父親沒有他那樣樂觀，他想到兒子單獨旅行會遇到很多困難，最後的方案是：母親和他一起去。

母親不喜歡長途旅行，不喜歡旅行中的煩惱、變化和不適。可為了莫札特，她不得不做出門的準備。讓即將踏上征程的年輕藝術家有像樣的裝備，父親四處奔走，籌措路費。

上路的日子終於到了。一七七七年九月二十三日，莫札特在母親的陪伴下啟程。母親流着淚躲在驛車的角落裏，父親含着淚將幾封信放在莫札特手裏，囑咐他說：「要客氣地去拜訪這些先生；要常給家裏寫信。」

「是，爸爸……」莫札特的聲音也哽咽了。

馬車滾動起來，瑪麗安妮哭出了聲，莫札特安慰她說：「別哭了，好姐姐，我會給你們寫信的。」

馬車越走越遠，莫札特坐直了身子，透過車窗，看到越來越小的爸爸和姐姐；看到遠離的山峯和薩爾茨堡

的塔尖。他知道，他已走上了為藝術而奮鬥的路程，不管這條路多麼曲折、坎坷，都必須堅定地走下去。

1. 莫札特回到薩爾茨堡的情況怎麼樣？

2. 這次，他為什麼要離開薩爾茨堡？

七 生活的磨難

莫札特和母親先到慕尼黑，接着便到了奧格斯堡，那是他父親的老家。他們住在大伯父的家中。

在大伯的引薦下，莫札特拜訪了一位叫安德烈亞斯‧施泰因的先生。他對音樂有些研究，正在改進一架鋼琴，莫札特用施泰因改進過的鋼琴彈了一首奏鳴曲，施泰因萬分欣喜，他說：「哦，這琴聲好極了。」

施泰因只相信鋼琴才能表達真正的音樂，而管風琴只不過是教堂不可缺少的伴隨。莫札特要求用施泰因的管風琴彈奏。施泰因吃驚地說：「什麼，管風琴？像你這樣有名的音樂家，居然願意在一架既不諧和，又無法表達感情的樂器上演奏？」

莫札特笑了，說：「你可以聽聽，管風琴也是樂器之王。」

莫札特彈起了管風琴，他彈了伴奏，又彈了合奏，一曲終止，施泰因服了，他說：「真沒想到，管風琴也有如此美妙的音樂。」

這是莫札特和母親在遠行中的一個小插曲。父親不

關心這些小事，他關心的是兒子的前程，怎樣找到一個好職業，儘快出名。他在給莫札特的信中告誡他：「偉大的事業——嚴肅的歌劇，只有在偉大而高尚的精神境界中才能產生。」

莫札特在長大，他對父母的教誨開始感到壓抑，老在身邊打轉的母親讓他惱火；叨叨絮絮的父親使他生氣。以後，這種矛盾更為突出了。這年，在曼海姆，莫札特經歷了他人生的第一次初戀。

女孩叫阿洛伊西婭，只有十五歲，她是當地歌劇團的一名演員。她的父親韋伯是宮廷歌劇團的抄寫員，收入微薄，阿洛伊西婭有一個很厲害的母親和三個姐妹。

莫札特的父親對兒子的戀愛十分擔心，他給兒子寫了長信來反對這種相愛：「你是不是打算讓某個庸俗女人給迷住，以草堆當牀，用柵欄圍上一大堆嗷嗷待哺的孩子……你能説出哪個偉大的作曲家會走這麼丟臉的一步？去巴黎吧，快去，到偉人中間去尋找你的位置！」

為這事，母親也在一旁哭鬧。

莫札特無奈，告別了韋伯一家，告別了他心愛的阿洛伊西婭，開始巴黎之行。

冬天已經過去，春天來臨，三月的陽光融化着道路上的冰雪，馬車經常行進在泥濘之中。他們走走停停，

總算到了巴黎。

　　由於手頭的拮据，他們無法去住當年時髦的音樂家住宅區，莫札特和母親搬進了格羅·謝諾街上的阿伊蒙旅館，並且住在昏暗的頂樓間，小得連鋼琴也放不下，母親坐在裏面，像在牢房裏一樣。

　　莫札特為工作四處奔波，回到旅館時，他心裏充滿了冷漠和麻木。他討厭自己為找工作對人點頭哈腰；他鄙視自己對別人說違心的話，可為了有一份好職位，他不得不這樣做。

　　他可憐的母親整天呆在小閣樓裏。

　　巴黎人喜歡娛樂，崇尚新奇，熱衷於轟動一時的事件。十四年前，莫札特曾是這些人的理想消遣物──一個六歲，穿着宮廷服裝的小男孩，在鍍金的羽管鍵琴上彈奏優美的小步舞曲。而現在，莫札特在音樂上更成熟，更有成就，人們卻無心去傾聽。

　　父親為兒子準備了一張列有五十三個姓名和地址的清單，他要莫札特到這些人的家裏去纏住他們，請他們給他演奏的機會。

　　有次，他去拜訪德·夏博夫人，到了那裏，他們讓他在一間很大的屋子裏等了許久，最後，德·夏博夫人總算進來了。她極其禮貌地向他問候，並請他演奏一首

鋼琴曲。

　　「我非常樂意為您演奏。」莫札特説。隨後坐到鋼琴邊彈起曲子。

　　德・夏博夫人則忙着和一大幫紳士圍着一張大桌子坐下來，畫速寫，莫札特彈曲子時，他們一分鐘也沒有停止過速寫。莫札特心裏很生氣，他彈《漁夫》變奏曲，只彈了一半就站了起來。此時作畫的人才停下手中的畫筆，對他説了一大堆恭維話。

　　莫札特怒不可遏，但還是決心要堅持到底。他繼續去拜訪上層人家，人家表示感謝，友好的態度是請他某日去府上演奏，彈完了，他們便説：「噢，真是天才，真是棒極了！」幾句讚美的語言，別無所獲。

　　莫札特拖着疲憊的身軀回到旅館，爬上陰暗的樓梯，撲倒在牀上，把頭埋在枕頭裏哭了。母親在一旁安慰他。莫札特為自己的不幸哭泣着：他的才華比許多人要高出許多；他願意勤勤懇懇地埋頭苦幹；他真誠地愛着一個姑娘……可他得到了什麼呢？哭夠了，他從牀上爬起來，給父親寫信：

　　「我既然到了這裏，就要再忍耐下去……我每天都祈求上帝給我力量，使我能堅強地熬下去。」

　　後來，凡爾賽宮有一個管風琴師的職位，條件是每

48

年要有六個月的時間呆在凡爾賽宮裏。莫札特推辭了，這讓父親大為不滿，責備兒子是瘋了。莫札特在給父親的信中説：

「親愛的爸爸，請您原諒我。我不願意去凡爾賽宮的事，也請教了格林男爵，他同意我的想法。那職位工資太少，只是當個管風琴師，我得在那裏浪費半年時間。我的才能將被埋葬在那裏。進了凡爾賽宮，就等於在巴黎銷聲匿跡……我還是要設法找到一份好工作。」

轉眼夏季來臨了。一天莫札特從格林先生家出來，回到旅館，發現已生病一星期的母親靜臥在牀上。他叫了幾聲：「媽──」但沒有反應。莫札特扔下外衣，跪在母親牀前，他拉起母親的手，覺得又燙又乾燥，母親病得已昏昏沉沉。莫札特百感交集，淚流滿面，母親為他付出了一切，自己帶給母親些什麼呢？

莫札特除了尋找工作，其餘的時間努力創作樂曲。就在他的交響曲《巴黎》大獲成功的時候，一七七八年七月三日，莫札特的母親去世了。這對莫札特來説，是最不幸的一天，他陷入深深的痛苦之中。

想一想

1. 莫札特離家後遇到什麼困難？

2. 從哪裏可以看出莫札特的母親為他付出了一切？

八 草率的婚姻

　　莫札特二十二歲了，他從來沒有自由過。父親給他寫信，要他回薩爾茨堡，他遲遲不願回去。自從母親去世後，莫札特給家裏寫的信越來越少，父親和姐姐常為他擔心。

　　薩爾茨堡等待着年輕的莫札特，大主教在八月就簽署了聘用莫札特為管風琴手的命令，一晃已經十二月了，莫札特還沒有回家。利奧波德‧莫札特擔心大主教變卦，任命他人，更急着催莫札特回家。當時沒有職業的樂師多如牛毛，宮廷樂師年薪雖然不多，但對許多人來說都是求之不得的。

　　莫札特不再聽話，他四處奔走，自己尋求出路。他去過施特拉斯堡、曼海姆，又到了慕尼黑，他在韋伯家門前下車，他要住在這裏。他的戀人阿洛伊西婭在慕尼黑有一份年薪豐厚的職位，可再見莫札特，但她對他十分冷淡。選帝侯也不像過去那樣寵愛他，對他不聞不問。莫札特在給父親的新年信中寫道：「……今天我只想哭，我好傷心好沮喪，我都不能自持了。爸爸，您快

寫信來，安慰我。祝……新年幸福……」

　　儘管如此，莫札特還是打算留在慕尼黑，仍然住在韋伯家。現在他想為選帝侯譜寫早就計劃的彌撒曲；向選帝侯夫人獻上鋼琴奏鳴曲。他還要為阿洛伊西婭完成在巴黎就開始寫的《泰撒利亞人民》詠歎調。

　　父親一直反對莫札特和韋伯家的來往。

　　莫札特盡了最大的努力，一直沒有找到職位，他負了一身債，阿洛伊西婭也拋棄了他。莫札特別無選擇，只好回薩爾茨堡，只有父親和姐姐願收留他。現在他必須在大主教面前低聲下氣了，心裏真有些憤憤不平。對遠遊歸來的兒子，父親百倍地關懷，還臨時從奧格斯堡邀請了堂妹來陪伴他。莫札特在這次演出不多的長期旅行中，留下了非常沉重的債務，這需要他在薩爾茨堡多年辛苦勞動才能還清。

　　莫札特在薩爾茨堡呆了一些日子，大主教出人意料地要帶大批隨從，到維也納做幾個月的巡遊，莫札特也隨同前往。父親得知阿洛伊西婭已經嫁人，對莫札特的外出也就比較放心。想不到，韋伯一家已搬到了維也納

知識門

詠歎調：
西洋歌劇、清唱劇等劇中的獨唱曲。用管弦樂隊或鍵盤樂器伴奏。

的一間公寓裏。莫札特一到維也納，就投入韋伯家的懷抱裏。韋伯死了，他的遺孀塞西利婭·韋伯同她的三個女兒約瑟法、康斯坦莎和索菲住在一起。父親知道後，警告他：「你得離韋伯一家遠點，別忘記，兩年前，塞西利婭·韋伯把你打發走……」莫札特不聽，他已作為房客，吃、住在這家了。

到維也納不久，莫札特就開始舉行音樂會，指揮演奏。他作為神童來過維也納，維也納人很熟悉他，很快，他就結識了維也納音樂界、社交界有名望的朋友。

維也納人口眾多，貴族也很集中。許多人有自己的樂隊，一些宮殿還有私人劇院，更有宮廷樂隊和布爾克劇院的歌劇，這一切都豐富了維也納人的精神生活。

莫札特喜歡維也納，這裏才是他真正的天地。

大主教對莫札特的表現極為不滿，派人把莫札特召來。一見面就對他大聲斥責：「你這惡棍！一文不值的小人。竟敢違抗我的命令，在維也納舉行音樂會，到處演奏。我不是多次宣布過，禁止我的樂師們在外面演出，你沒有聽見嗎？」

大主教一向盛氣凌人，對莫札特常常惡言惡語，莫札特對他早就不滿，只是無法發作，只有壓住心頭之火，捏緊了拳頭。

　　大主教不看莫札特，繼續辱罵他：「你這樣做是羞辱了我，你的粗俗行為和你的放蕩影響了我的聲譽！你這個骯髒的傢伙，裝腔作勢的呆子！」

　　莫札特緊咬嘴唇，竭力克制自己，他不能忍受這種辱罵，反駁道：「這麼説，您是不滿意我囉？」

　　「門在那兒！」大士教吼起來，「給我滾出去，我不想再見到你！」

　　「我也一樣！」莫札特不客氣地説，「我也不想再見到您。明天您會收到我的辭職信。」

　　大主教氣得臉色漲紅。

　　莫札特説完，沒有行禮，「嘭」的一聲，把門關得很響，大步走了出去。

　　與大主教的決裂，使莫札特有一種輕鬆感，他可以自由地投入到他的音樂世界中去。

　　幾天後，大主教的車隊分批啟程回薩爾茨堡，裏面沒有莫札特。

　　莫札特的辭職使父親大為吃驚，莫札特卻安慰父親説：「爸爸，你放心，我在維也納會發展得很好。」

　　最讓利奧波德‧莫札特不放心的是莫札特和韋伯家的親密關係。利奧波德‧莫札特和塞西利婭之間，開始了一場對兒子的爭奪戰。利奧波德不斷地向維也納寫

信，要莫札特離開韋怕家，可徒勞無功。

莫札特在韋伯遺孀和她三個女兒的圈子裏，感到特別舒服。她們給他的是家庭式的旅店，大家在一起吃飯，談笑。韋伯夫人是一個很有心計的女人，她看到莫札特在維也納是音樂界中的明星，而她還有三個待閨未嫁的女兒。為了這個緣故，韋伯夫人、約瑟法、康施坦莎和索菲對莫札特照顧得無微不至。莫札特起得很早，整個早上都在寫曲，她們的早餐就開在莫札特寫完曲之後。如果莫札特晚上作曲，晚飯便在晚上十點多鐘。莫札特在這裏心情愉快，無憂無慮工作，還有三個姑娘會用讚許的眼光、活潑的挑逗來取悅這位房客，讓他甘心情願地掏出錢和禮物來。

維也納的貴族們過着豪華的生活，他們常舉辦別墅私人社交晚會，並競相聘請著名音樂大師來演奏，付給高額的報酬，這給莫札特提供了極好的機會。莫札特熱情地寫信給父親：「我向您保證，這是世界上最好的地方。」

利奧波德·莫札特仍沒有改變主意，他不願意兒子在繁華的大都市，做一個沒有職業的樂師流浪漢。

韋伯一家的財經狀況是很穩定的，她們收房租，索菲也有一份工作；阿洛伊西婭結婚前與母親有契約，丈

夫每年向岳母提供一筆可觀的養老金。可她們總在莫札特面前叫窮。莫札特寫信給父親:「阿洛伊西婭的母親從她身上連一個銅子都得不到,我唯一的打算就是幫助她們……」父親生氣地回答他:「你應該先償還薩爾茨堡的舊賬,然後再去拯救韋伯一家。」

莫札特總給父親寫信:「我很快就給家裏寄錢。」「您一定要接受這筆小小的金額……」可利奧波德卻一直沒有收到莫札特寄回家的還債錢。

只要莫札特能大把地賺錢和把榮譽帶回家,韋伯夫人就不會對他放手。她想到了十九歲的康施坦莎,她不怎麼漂亮,但善解人意,莫札特常和她在一起。不久,外面便謠傳開了,莫札特要娶康施坦莎·韋伯為妻。這是有心計的母親散布的。莫札特當時並沒有想到要結婚。

狡猾的韋伯夫人不直接針對莫札特,而是與女兒們聯合起來,當着莫札特的面,折磨康施坦莎,讓莫札特同情康施坦莎,把他們兩個人撮合到一起。

接着,韋伯夫人迫使莫札特在三年內娶康施坦莎,或每年付給她養老金,因為康施坦莎與莫札特的交往,使她的名譽受到損失。莫札特簽了名,但要求不要聲張,更不要讓他父親知道。韋伯夫人當面答應,但很快

便將這一消息傳到薩爾茨堡去。

　　父親很是惱怒,寫了長信來責備莫札特。當時的風俗,沒有父親的祝福,康施坦莎是無法和莫札特結婚的。韋伯夫人把康施坦莎推到莫札特的住處,她不許莫札特跨進她們家。韋伯夫人一面威脅要找風紀警察,一面在準備結婚預告。

　　莫札特乞求父親為他們祝福,父親勉強同意了這門親事。一七八二年八月四日,莫札特和康施坦莎在聖·斯泰凡教堂結婚,婚禮舉行得很倉促。

1. 莫札特為什麼要與大主教決裂?
2. 說說莫札特和康施坦莎的婚姻。

九 《後宮誘逃》

莫札特結婚以後，康施坦莎就成了他的生活中心，他一切都聽命於她，盡量使她歡心。康施坦莎成了韋伯家女人們的中心，母親、姐妹圍着她轉。因為莫札特每周總能得到不少金錢和禮物：金錶、金鼻煙壺、鑲嵌寶石的小盒、戒指和鞋釦環等。康施坦莎不漂亮，也不醜，但她年輕，她有一種健康的美。莫札特很寵愛她，她也常以莫札特為驕傲。

那時，莫札特的知名度在不斷提高，錢也賺得不少，莫札特作為鋼琴大師，在維也納很有影響。他在一些貴族官邸、使館和富裕市民家庭的沙龍舉行音樂演奏，莫札特意蘊深淺、回腸蕩氣的琴聲震撼着每一個人。他所到之處，都受到熱烈歡迎。約瑟夫二世皇帝也深深迷上了莫札特的鋼琴演奏，每次都給予很多的賞金。

在凡·斯維登精巧豪華的殿堂，每星期都舉行巴羅克教堂音樂會。莫札特在那裏演奏巴哈、亨德爾和**格勞**

知識門

格勞恩：

（1704-1759），德國作曲家，主要作品有交響曲、小提琴協奏曲、室內樂曲。

恩的曲譜，他在鋼琴旁吟徊，婉轉地演奏，他的音樂給人妙不可言的享受。有人稱莫札特為「歐洲最偉大的音樂大師」。

莫札特錢賺得不少，但沒有固定的收入，莫札特夫婦都不善於理財，卻會花錢。莫札特偏愛穿豪華的衣服，出手大方；康施坦莎也愛打扮，喜歡華貴的服飾，他們還喜歡郊遊、跳舞。在經濟上，他們常常狼狽不堪，有時付不起房租，常常借債還錢，安定的時候很少。

對莫札特來說，認識約瑟夫·海頓很重要。

那是一次音樂會前，原來的中提琴手因故無法來排演，莫札特被推薦來到海頓面前，引薦人對海頓說：「請允許我介紹一下，這是我的朋友沃爾夫岡·莫札特。」

知識門

約瑟夫·海頓：
（1732-1809），奧地利作曲家。維也納古典樂派代表人物之一，寫有交響曲、弦樂四重奏、鋼琴奏鳴曲等。

「莫札特……」海頓眼裏閃出興奮的光芒，「你就是那個最優秀，我們當中出類拔萃的年輕音樂家。」

「大師，我一直傾慕您。」莫札特也激動不已地說，「我學習研究過您的作品，您創立了不可逾越的規則，在和聲方面和色調方面走得這麼遠……能在偉大的

海頓身旁演奏，我多麼幸運。」

當晚的音樂會在歡快、輕鬆的氣氛中結束了。聽着莫札特的琴聲，看着他那炙熱的目光，海頓覺得他那智慧之光好像要穿透宇宙間的黑暗，而自己永遠不可能看得那麼遠。

莫札特與海頓的友情使兩人都受益匪淺。莫札特稱海頓為父親，海頓引以為榮。海頓正在創作獻給俄國王儲的六首俄羅斯管弦樂四重奏，他激勵莫札特創作六首海頓四重奏，莫札特以充滿敬愛之情寫作，用來獻給他的朋友。海頓又創作六首四重奏來奉和莫札特的作品。

莫札特在創作獻給海頓的六首四重奏，其中第二首D小調最為感人。

這天夜裏，康施坦莎開始分娩，莫札特聽着產婦的呻吟以及後來嬰兒的啼哭，有着對母視和孩子的感動和愛。第二天一早，他就寫下了這首D小調四重奏。據說，他的這首四重奏每個女人聽了都會流淚。

莫札特給孩子取名叫萊蒙德·利奧波德，但是，由於疾病和營養不良，孩子不到兩個月就夭折了。

莫札特和康施坦莎都很悲痛，為了減輕喪子的痛苦，他們回薩爾茨堡看望父親。父親雖不贊成這門婚事，還是很好地接待了他們。

　　莫札特和康施坦莎結婚時，就想過要寫一部感恩彌撒曲獻給她。在父親這裏，他寫完了它，這就是莊嚴的《C小調彌撒曲》。他們在薩爾茨堡住了三個月，便回維也納去了。

　　對莫札特很重要的另一件事，便是歌劇合同的簽約。在和康施坦莎結婚前，他已簽了創作《後宮誘逃》歌劇的合同。這是一部為約瑟夫二世建造的德語國家劇院創作的德國歌劇。莫札特以歡快的心情和極大的創作衝動寫完這部歌劇。

　　歌劇還沒有上演，已在音樂界裏造成很大的反響。有一位威尼斯的作曲家安東尼奧·薩利里，只比莫札特年長六歲，他一直受到國王約瑟夫的寵愛，他是意大利軍樂隊的隊長。那時，貴族音樂迷和音樂家們瞧不起德語歌曲，認為只有意大利話才能與歌劇作最好的結合。可薩利里讀完莫札特的歌劇本後，不得不佩服莫札特是少有的天才，同時也產生了自卑感和狹隘的嫉妒，他發誓要讓莫札特失敗。

　　《後宮誘逃》在維也納用德語上演，受到保守派最瘋狂的反對，薩利里秘密指揮他的黨羽，干擾排練，到處散布流言蜚語。首場演出時，意大利幫派的嘲罵聲、喝倒彩聲蓋過了歌唱演員的歌聲，觀眾卻報以《後宮誘

逃》熱烈的掌聲，薩利里一夥這才覺沒趣，停止了搗亂。

《後宮誘逃》的首演獲得極大成功。那一年，維也納幾乎都在演這齣戲，真是家喻戶曉。《後宮誘逃》是莫札特一生中最成功的歌劇，享受皇家高補貼的維也納德語國家劇院，也因此輝煌起來，獲得大筆票房收入。

不久，《後宮誘逃》在整個帝國上演，莫札特作為德語歌劇傳統的創始者，受到了擁戴。國王經常派人去索取《後宮誘逃》總譜，以便在他的宮廷音樂會上演出其中的樂章。普魯士王儲也購買總譜的抄件，國家樞秘大臣邀請莫札特去做客。

但是，《後宮誘逃》首次公演時，父親沒有出席。當他收到兒子的這部歌劇總譜和首演的詳細報告時，沒有特別的喜悅，反應很平淡。這使莫札特不快地抱怨父親：「您給我的信是多麼漫不經心和冷漠啊！我以為您會恨不得立刻就看到兒子的傑作，可是您沒有。爸爸，您知道嗎，演出不但成功，而且引起巨大轟動，劇場整天座無虛席，只是您沒有看到……」

海頓稱讚莫札特的《後宮誘逃》：「還從未有過這麼完美的作品！」

想一想

1. 莫札特和海頓為什麼能成為好朋友？

2.《後宮誘逃》的成功表現在哪裏？

十 《費加羅的婚禮》

一七八三年的春天，莫札特在維茨拉男爵家參加一個晚會，玩得正高興，維茨拉向他介紹了一位從意大利來的小説家兼詩人達‧龐蒂。

達‧龐蒂高高的個子，眼睛炯炯有神，華麗的衣服上掛滿了閃閃發光的裝飾品。他性格開朗，説話幽默，還是位教士，是宮廷新聘任的歌劇詩人。

一年多後，莫札特和達‧龐蒂在維茨拉男爵家又相見。達‧龐蒂當上了維也納宮廷的歌劇作家後，很想寫出幾部有影響力的歌劇來。莫札特看着宮廷平庸的歌劇受到觀眾的歡迎，心裏也不平靜。他一直在想：要寫出高質量的歌劇讓他們瞧瞧。

這天，莫札特對達‧龐蒂説：「能不能把博瑪舍的喜劇《費加羅的婚禮》改編成歌劇腳本？」

達‧龐蒂叫起來：「你是瘋了嗎？難道你不知道《費加羅的婚禮》是國王禁演的作品嗎？作者已被投入了監獄。」

《費加羅的婚禮》故事是這樣的：由於理髮師費加

羅撮合伯爵的婚姻有功，伯爵把他收為侍從，不讓他再幹理髮這個職業。伯爵有一個女僕名叫蘇珊娜，費加羅對她產生了愛情，蘇珊娜也很喜歡費加羅，兩人商定要結婚。風流的伯爵也喜歡聰明伶俐的蘇珊娜，在費加羅與蘇珊娜舉行婚禮的這天晚上，要與蘇珊娜見面。蘇珊娜把這件事告訴了伯爵夫人羅西娜，羅西娜和蘇珊娜交換了服裝，扮成蘇珊娜去和伯爵約會。別人都躲在暗處偷看，鬧出了許多笑話。伯爵出了醜，忙向夫人賠禮。費加羅和蘇珊娜的結婚儀式開始。

　　這個劇本因譏諷了達官顯貴和朝臣們而被禁演，達‧龐蒂雖然十分喜愛這個劇本，但只怕國王不肯接受。

　　莫札特仍興致勃勃地勸說達‧龐蒂：「你沒覺察到嗎？這個故事詼諧有趣，我們可以設法淡化國王不喜歡的一面，把它改寫成一個很好的歌劇。」

　　達‧龐蒂受了莫札特的感染，思索了一下，說：「可以試試，我們把《費加羅的婚禮》寫成意大利語。」

　　「意大利語？」莫札特不解地說：「我最大的願望是要讓德語歌劇獲得尊重，《後宮誘逃》滿足了我這點心願。」

「不！」達·龐蒂在空中揮了一下手，說：「你的頭腦要清醒一點，薩利里在這方面就能迎合國王的心意，他和你不同，稱得上一個陰謀家。如果用意大利語寫成《費加羅的婚禮》，就可以繞過國王不准譯成德語的禁令了。」

莫札特點頭同意。

不久，莫札特和達·龐蒂就投入到《費加羅的婚禮》歌劇的創作中去。達·龐蒂完成歌劇劇本，莫札特創作歌曲。

達·龐蒂用全部心血來寫這個歌劇的劇本，他寫出一幕，就趕緊送到莫札特家裏。莫札特就像接力賽的運動員一樣，拿到腳本，馬上譜曲。

創作是秘密進行的，為的是避開薩利里和他的團夥。當創作結束時，達·龐蒂帶着《費加羅的婚禮》劇本和總譜去見約瑟夫二世。他把本子呈給國王，說：「國王陛下，這是我和莫札特合作的歌劇本。」

約瑟夫二世接過來，翻開本子，他剛讀了幾頁，就合上劇本，不悅地問道：「什麼？你們寫了費加羅？難道你們不知道我是禁止這部著作的嗎？」

達·龐蒂很恭敬地說：「陛下，禁止的是德語，不是意大利語。」

　　「你是個狡猾的狐狸，神父！」國王對達·龐蒂
說：「我不能讓它上演，它是抨擊貴族的劇本。」

　　「這個本子裏沒有這種意思。」達·龐蒂說：
「我們作了修改，您如果聽一聽音樂，絕對會十分滿意
的！」

　　國王又召見了莫札特。

　　約瑟夫二世訓誡莫札特：「您知道嗎？由於它的不
恭和過激，這個戲劇始終是禁演的。」

　　莫札特沒有侷促不安，他說道：「陛下，我擔保，
這個歌劇不會讓您聽進耳朵裏生厭。達·龐蒂神父已經
刪去了那些令人不快的東西。它特別滑稽可笑，是一部
真正的喜劇。」

　　說完，莫札特坐到管風琴前，輕聲唱起歌劇裏的選
段，他知道這是最有說服力的方法。果然，片刻之後，
國王居然打起了拍子。

　　歌劇開始綵排，全體演員和樂隊隊員都被莫札特那
優美的旋律和精緻的配樂器所折服，每當樂隊演奏完一
段樂曲或是歌唱演員唱完一段詠歎調後，全體演員和工
作人員都熱烈鼓掌。

　　薩利里和意大利的一些保守派千方百計阻撓《費
加羅的婚禮》的排練，他讓一些歌唱演員混在演出隊伍

中，故意忘記歌詞或是唱錯調，他還設法讓芭蕾舞不能在劇中出現，給莫札特他們的演出造成困難。不管薩利里怎樣阻撓，排練仍在進行中。莫札特身着毛皮衣，戴着金色鑲邊帽，總綵排時站在舞台上指揮演奏。當扮演費加羅的本奴西唱起詠歎調《不要再往前走》時，莫札特禁不住喊出：「太棒了，太棒了，本奴西！」當他唱到「勝利屬於維多利西，勝利屬於光榮的軍隊」時，歌聲感染了所有的人，台上的歌手和樂團的樂師都像觸電似的，陶醉了，他們狂熱地歡呼起來：「太棒了，大師，萬歲，高貴的莫札特！」

　　一七八六年五月一日，《費加羅的婚禮》在維也納奧地利國家大劇院舉行首次演出，奧地利國王約瑟夫二世觀看了首演。這年，莫札特三十歲。

　　首演獲得巨大的成功。國王和音樂界人士都堪稱《費加羅的婚禮》是絕妙而神聖的巨作。

　　首演兩天後，就有一家音樂出版社登出廣告，要出版《費加羅的婚禮》全部總譜。

　　國王要《費加羅的婚禮》在他盧森堡行宮劇場為客人們演出。

　　這部歌劇還在捷克的首都布拉格引起巨大轟動，布拉格的捷克國家劇院幾乎每天都在上演《費加羅的婚

禮》。

《費加羅的婚禮》的音樂被改編成鋼琴、小提琴等各種樂器的獨奏曲。

當時維也納的《時事報》作過這樣的報道：「莫札特先生的樂曲演出時，受到業內人士普遍讚揚。一些搗蛋鬼用噓聲、喝倒彩來麻痺和干擾歌手和聽眾……經過數場演出，證明這些下流行為是在耍陰謀伎倆，乏味無知；人們認為莫札特先生的音樂是藝術傑作，是思想廣闊的財富，只有與生俱來的天才才能創作出這樣精湛的作品。」

1. 國王為什麼要禁演《費加羅的婚禮》？

2.《費加羅的婚禮》演出遇到哪些困難？

十一 《唐·璜》

一七八七年四月，莫札特知道了父親得病的消息，他立即給父親寫信。信中說：

「此時此刻聽到的消息，使我們非常沮喪——這大大超出了我對您近況的猜測，以為您受上帝憐憫還感到良好。現在聽說您真的病了！不用說，我是多麼迫切企盼來自您令人慰藉的消息啊！……

「我希望並祝福您在我寫這封信時病情好轉，如果您感到不好，請不要對我隱瞞，我會立即投入您的懷抱。讓我們祝福吧！」

利奧波德·莫札特病得很重，經受着極大的痛苦，人也瘦骨嶙峋。瑪麗安妮一直守候在他身邊。一七八七年五月二十八日，老莫札特與世長辭了。

這位父親比所有的人都愛他的兒子，世界上沒有人像他一樣為兒子做了那麼多。他忍受了薩爾茨堡人的嘲諷，高傲地保持着沉默；默默地履行着他宮廷樂師的義務；堅毅、辛勞地償還他寵愛的兒子留給他的沉重債務。而以後再也不能為兒子做什麼了。

一七八七年的夏季，莫札特對
《唐‧璜》着了迷。莫札特的成就到
了頂峯，被社會譽為最偉大的天才，
更有人把他歌頌為「阿波羅」。

布拉格需要一部新歌劇，莫札特
又找到了他的老搭檔達‧龐蒂。

達‧龐蒂對他説：「我有一個很
好的主題。」

「説説看，你選了什麼題材？」莫札特説。

「《唐‧璜》。」

「什麼？一個放蕩人的故事？」莫札特幾乎要嚷起
來。

「它是很好的歌劇題材，我已經構思了許久。」
達‧龐蒂很有把握地説。

唐‧璜是西班牙的一個著名傳奇人物，有人傳説
他是一個浪蕩公子，他的故事到處流傳。西班牙的蒂爾
索‧德‧莫利納和法國的莫里哀都寫過唐‧璜的戲劇。
達‧龐蒂打算用輕鬆有趣的手法，編寫出《唐‧璜》的
歌劇腳本。

莫札特和康施坦莎來到布拉格，他要在這裏完成
《唐‧璜》的作曲工作。在布拉格的這些日子，莫札特

知識門

阿波羅：
希臘神話中的光明之
神。

莫里哀：
（1622-1673），法
國喜劇作家，戲劇活
動家。

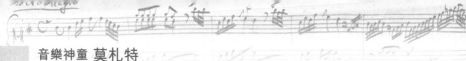

和妻子經常到他們的朋友杜舍克夫婦的「小白菊」別墅裏來，一面聊天，一面作曲。杜舍克是一位有名望的鋼琴家；杜舍克的樂師們很能理解他想在作品中表達的感情。但歌唱演員就差多了，與維也納高水平的歌唱演員們相比，簡直就是鄉巴佬。

莫札特為歌唱家講解疑難段落。他對每一節問題都推敲再三，力求達到精確完美的地步。那些歌唱家們演唱起來往往犯火力太旺的毛病，不能與莫札特優美的旋律相結合，常常受到莫札特的指責。扮演女主角澤麗娜的是劇院經理妻子特萊西娜，她不能理解澤麗娜的思想感情。當演到澤麗娜由於唐·璜的無理舉止而在幕後發出恐怖呼叫時，總演不好。莫札特就躲在舞台的一個角落裏，特萊西娜穿着農家女的衣服和短裙也站在那裏。等到該她呼喊的時候，莫札特暗中伸出手，在她的腿上狠狠捏了一把，特萊西娜不由得尖叫一聲。莫札特對她說：「很好，我要的就是這種叫聲。」

特萊西娜真有些哭笑不得，但明白了應該這樣來演出這個情節。

排練工作緊張又繁重，稍有一點空，莫札特還是喜歡進入社交圈，參加各種舞會、晚會。直到十二月二十八日，《唐·璜》的序曲他還沒動手寫。杜舍克先

生為他着急了，提醒他説：「親愛的莫札特，明天就要舉行首演了，你的序曲還不見一個音符呢。」

莫札特聳聳肩，滿不在乎地説：「我會把它寫出來的。」

二十八日晚上，莫札特參加晚會回來，他品嘗着康施坦莎送來的葡萄酒，飛快地在五線譜上書寫，音符像瀑布一樣，從莫札特的大腦裏湧出，傾瀉在一行行五線格上。

早上七點鐘，康施坦莎叫來抄寫員抄錄莫札特剛寫好的序曲。莫札特如釋重負長長地舒了口氣，撲倒在牀上，呼呼大睡起來。

一七八七年十二月二十九日晚，《唐‧璜》在米黃色的布拉格歌劇院首演，人們從四面八方湧向這裏。莫札特親自指揮樂隊，演出得到很好的發揮。

當最後一幕落下帷幕時，全場雷動，歡呼聲一浪高過一浪，震撼了整條街道。莫札特被簇擁到舞台當中，他和演員一起向觀眾鞠躬致意。他的頭上、身上撒滿了從台下拋上來的鮮花和紙片。觀眾歡呼着：「莫札特萬歲！」「藝術大師萬歲！」

莫札特也激動得熱淚盈眶，他顫抖着嘴唇説：「布拉格人才是我真正的知音。」

　　《唐‧璜》後來在德國、奧地利演出，同樣受到人們熱烈的歡迎。

　　德國偉大的詩人歌德在評價莫札特的歌劇《唐‧璜》時說：「莫札特創作的《唐‧璜》真是不可思議，好像製作一塊精美的蛋糕或餅乾，作曲家把雞蛋、麵粉和砂糖巧妙地揉合在一起。」

　　他給偉大的戲劇家席勒寫信時說：「你對歌劇的期望已經由《唐‧璜》達到了，而且是達到了一個高層次。」

　　莫札特的歌劇給他帶來最大的成功，他已經學會將意大利的歌劇和維也納宮廷作曲家格魯克的古典歌劇中的精華結合起來。他不僅寫出優美的旋律吸引觀眾，還能使這些旋律適合歌詞裏表現的感情，甚至描寫故事中不同人物的性格。

　　《費加羅的婚禮》、《唐‧璜》和莫札特以後寫的《魔笛》是歌劇史上三部不朽的名作，「西洋十大名歌劇」中，《費加羅的婚禮》和《魔笛》就佔了兩部。它們的創作成功，奠定了莫札特在音樂史上的崇高地位。

1. 從哪裏又一次看出莫札特的音樂天才？

2. 説一説《唐・璜》的成就。

十二 在宮廷任職

　　莫札特的歌劇《費加羅的婚禮》、《唐·璜》在布拉格大獲成功，消息傳到奧地利國王約瑟夫二世的耳朵裏，國王有些不安。

　　約瑟夫二世身邊經常有些人，像薩利里等在他面前說莫札特的壞話，使得約瑟夫二世沒有重視莫札特的音樂才華。不久前，維也納宮廷作曲家格魯克去世了，由誰來接替他的位置呢？莫札特是一位世界級的音樂大師。法國、英國、意大利、西班牙等國都知道莫札特沒有一份固定的工作，至今還在貧困中掙扎。如果有一個國家聘請莫札特擔任宮廷作曲家，這將給維也納帶來恥辱。

　　格魯克比莫札特年長四十二歲，他是音樂史上一位偉大的歌劇作曲家。他主張對歌劇進行改革，充分發揮管弦樂隊在歌劇中的作用；還十分重視歌劇序曲的作用。格魯克和莫札特的感情很好，他們曾經常在一起交流寫作心得。莫札特的歌劇獲得成功後，格魯克曾表示對他祝賀。

約瑟夫二世有讓莫札特來接替格魯克工作的打算，但給他多少工資才合適呢？格魯克的年薪是二千金幣，這是一筆巨款。莫札特該給多少？

國王叫來他的侍從施特拉克，詢問應該怎樣處理這事。

施特拉克自稱是莫札特的崇拜者，他常免費參加莫札特的音樂會。但是，當國王問起這事時，他沒有說莫札特的好話。他對約瑟夫二世說：「尊敬的陛下，應該讓莫札特到宮廷裏來。但他怎麼能和格魯克相比呢？對他來說，能有八百金幣就足夠了。」

國王覺得施特拉克的話很入耳，採用了施特拉克的說法，這樣既可以栓住莫札特，不會被別的國家請走，又不用花很多錢。

莫札特收到了王宮發來的「宮廷作曲家」的聘書，這是他夢寐以求的。但是八百金幣的年薪使他在同行面前抬不起頭來。這說明他比格魯克的水平差多了。

莫札特這點可憐的年薪根本不夠一家人的生活，這點錢付房租都很勉強。莫札特身為宮廷作曲家，卻極少出入宮廷。

在這段期間，莫札特受一些私人委託，寫出了一些優美的樂曲。過了一段時間，莫札特又開始了大型樂曲

的創作，寫出了高質量的交響曲。

　　交響曲是作曲家成功的試金石。在音樂史上，被稱為著名作曲家的人，都寫過成功的交響曲。從海頓的《軍隊交響曲》、貝多芬的《命運交響曲》、《英雄交響曲》，到舒伯特的《未完成的交響曲》等……無一例外。

　　莫札特一生大約寫過四十多部交響曲，其中最著名的有《第三十五交響曲》、《第三十六交響曲》、《第三十八交響曲》和最偉大的《第三十九交響曲》、《第四十交響曲》以及《第四十一交響曲》

知識門

貝多芬：

（1770-1827），德國作曲家，維也納古典樂派代表人物之一。作品有交響曲、鋼琴奏鳴曲等。

舒伯特：

（1797-1828），奧地利作曲家。作品有交響曲、鋼琴曲等。

　　《D大調第三十五交響曲》又稱《哈夫納交響曲》。哈夫納是薩爾茨堡的市長，也是一位有名的商人。在一七八二年的夏天，他被晉封為貴族。在晉封的慶典上，希望有一首由著名作曲家寫的樂曲，供在市政府官邸演出之用，莫札特為他寫了這部交響曲。一七八三年三月，《哈夫納交響曲》在國家劇院公演，奧地利國王約瑟夫二世也出席了這場演出。

　　《C大調第三十六交響曲》又名《林茨交響曲》。

這是一七八三年七月，莫札特帶着新婚妻子康施坦莎回老家，因為父親利奧波德一直反對這樁婚事，他們的心裏都蒙着一層陰影，莫札特心裏也不很愉快，三個月後，《林茨交響曲》誕生。

《D大調第三十八交響曲》就是著名的《布拉格交響曲》。莫札特的歌劇《費加羅的婚禮》在布拉格大受歡迎，熱烈的程度超過了維也納。莫札特作為嘉賓，被邀請去捷克，與熱情的觀眾見面。莫札特在布拉格受到隆重歡迎，使他大受感動，《布拉格交響曲》順應而生。

一七八八年夏天，莫札特的第一個女兒特萊西婭病死了。這種情況已經發生了四次，活下來的只有卡爾一人。在這種極端憂傷、悲憤的心情下，莫札特在兩個月內連續創作了他最後三部最偉大的交響曲。《降E大調第三十九交響曲》、《8小調第四十交響曲》和《C大調第四十一交響曲》。這最後一部交響曲，也叫《朱庇特交響曲》，是莫札特全部交響曲中最為莊嚴、雄渾的一部。在這些作品中，已經明顯地體現出後來貝多芬的交響曲所具有的特徵——鮮明的思想性和強烈的戲劇性。

知識門

朱庇特：
古代羅馬神話中的眾神之王。

　　莫札特一生崇拜海頓。海頓晚期創作的最優秀的四重奏或交響曲仍不及莫札特同類的優秀作品成熟。莫札特的作品使當時的交響樂配器趨於完善，為貝多芬在這一領域的發展奠定了基礎。莫札特精通多種音樂體裁的特點讓人驚歎佩服，幾乎每一種音樂形式——歌劇、教堂音樂、室內樂和交響樂，他都能運用自如，每一種樂器的獨奏、協奏曲目都留下了他的佳作。

　　莫札特的旋律有着美妙迷人的魅力，他的管弦樂法有着華麗細膩的特色。他的音樂對於有着良好藝術修養和豐富邏輯知識的聽眾來説，有着不可抗拒的吸引力。渴望通過音樂來觸動情感、啟發思考、獲得樂趣的人都非常喜愛莫札特的作品。

想一想

1. 國王給了莫札特怎樣的一個位置？
2. 莫札特的交響曲有什麼成就？

十三 《魔笛》響徹巔峯

　　一七八九年，是莫札特一生中最為煩躁，最為悲慘的一年，他窮困潦倒，創作也最少。

　　他欠了許多債，都不好意思會見借錢給他的朋友。康施坦莎告訴莫札特，她又懷孕了。莫札特聽了怎麼也裝不出高興或自豪的樣子，他的腦子裏想的就是那可怕的債務又得大大增加。

　　他的身體越來越差。繁重的工作，不盡的煩惱，都加快了他生命的進程。

　　到了秋天，康施坦莎分娩了，生下的是一個女孩，莫札特給她起名叫安娜，是為了紀念他故去的母親。不幸的是孩子生下來時就生命微弱，在給她洗禮賜名時就死了。

　　法國正在掀起大革命，那種動盪不安的蕭條氣氛日益籠罩着維也納。一七九〇年二月二十日，約瑟夫二世去世。約瑟夫二世的去世不單引起政治上的變動，也使宮廷音樂界陷入一片混亂狀態。約瑟夫王位的繼承人是他的弟弟利奧波德二世。他是一個目光短淺的庸人和懦

夫。他既不懂音樂，也不關心音樂。他唯一的想法就是利用自己手中的權力盡可能地破壞他哥哥創下的舊制。當年受他哥哥欣賞和重用的人都遭到他的冷待，許多人不得不請辭，包括薩利里。從他辭職那天起，他對莫札特的詆譭也就停止了。但新國王也沒有給莫札特在宮廷裏安排職位。

一七九一年春，席卡奈德來找莫札特，向他提出一個要求：「請為我的維登劇院寫部歌劇，不然，劇院就要關門了。」

「有這麼嚴重嗎？」莫札特疑惑地望着他。

席卡奈德肯定地嚴肅地點了一下頭。

席卡奈德是莫札特在故鄉薩爾茨堡就認識的朋友。他是位多才多藝的人，既能作詩，唱歌，又會演戲，還能當舞台監督和編寫歌劇腳本。一七七八年，他接收一個劇團，當上了團長。一七八九年，他率團在維也納演出，把維登劇院買了下來。可劇院沒有好的歌劇演出不行。

莫札特說：「可我不知道你喜歡什麼樣的戲，到哪裏去找歌劇腳本呢？」

席卡奈德說：「我有個很好的本子，叫《魔笛》，我改寫劇本，由你譜曲，報酬嘛，一定從優。」

莫札特答應了與席卡奈德的合作。

《魔笛》是帶有傳奇色彩的神話故事。改寫後的《魔笛》故事情節是這樣的：

埃及的王子埃米諾在荒山中打獵迷了路，誤入夜王國，遇到巨蟒的追趕，夜女王的三位女侍者趕走了巨蟒，拿出公主帕米娜的肖像，引起了王子的愛慕之情。這時雷聲隆隆，夜女王出現，她說伊希斯神廟大祭司薩拉斯特羅搶走了帕米娜。如果王子救出帕米娜，就把女兒嫁給他。王子攜帶夜女王贈給他的魔笛出發了。事實上，大祭司薩拉斯特羅並沒有惡意，他是為了使帕米娜擺脫夜女王的邪惡勢力才將她劫持的。王子在薩拉斯特羅的幫助下，經受了水與火的考驗，終於與帕米娜幸福地結合了。代表邪惡勢力的夜女王和摩爾人莫諾斯塔托卻在隆隆的雷聲中墜落到黑暗的深淵。

當席卡奈德將劇本交給莫札特譜曲時，康施坦莎生病了，她帶着七歲的兒子卡爾到礦泉勝地巴登去療養。席卡奈德給莫札特在劇院附近找了一間安靜的小屋，讓他安心寫作。這間小屋後來被稱為「莫札特小屋」，又叫「魔笛涼亭」。

莫札特從一七九一年五月開始創作《魔笛》音樂，到七月底就基本完成了。

《魔笛》是一個把道德觀和法術、共濟會和神話傳說、寓言故事和打油詩揉在一起的「大雜燴」。然而，它卻產生了一種強烈的戲劇效果，那內在的戲劇感染力一下子就抓住了觀眾的心。莫札特知道這部歌劇的荒唐，他說：「我這輩子從來沒寫過描寫魔法的歌劇。」

共濟會：
十七、十八世紀歐美的秘密團體。寓意為「同舟共濟」。莫札特和席卡奈德都是「共濟會」會員。

但實際上，《魔笛》卻是一部真正的德國歌劇。在為《魔笛》歌劇譜曲時，莫札特以堅定的信念抒發自己的激情。在這部歌劇中，德意志民族的一切最優秀的品質和最純潔的感情都在優美、壯麗的音樂中得到了完整的體現。

《魔笛》的音樂在一種極其優美的旋律背景上寧靜地緩緩流出，並逐漸擴展，最後匯入莊嚴、神秘的大合唱，表達了莫札特某種精神上的寄託。

《魔笛》是莫札特創作的最後一部歌劇作品，也是最完整的一部。它以神話的形式表現了作者心目中所設想的美好世界，隱喻了人與人之間的關係，是一個開始意識到自己生命快要終結的音樂天才對世界的表白。不論對一般音樂愛好者，還是對音樂專家，《魔笛》的深刻含意都不難理解。它面向的是廣大民眾，這也是這部

音樂作品成功的原因之一。

九月三十日，《魔笛》上演，引起的轟動又是強烈的。此後，《魔笛》在維也納連續演出一百多場，場場爆滿。《魔笛》在布拉格上演，觀眾的反應就像看《費加羅的婚禮》和《唐·璜》那樣熱烈。

《魔笛》開創了一種嶄新的德國藝術，它使德國歌劇走向了世界的舞台，德意志民族的一切最神聖、最純潔的情感都在那雄渾壯麗的音樂裏得到了充分體現。

《魔笛》使席卡奈德發了大財，但是莫札特仍一貧如洗。他只給莫札特付了一筆稿酬。莫札特曾要求把總譜和抄本賣給任何一家前來索取的劇院，席卡奈德沒答應，他把所有的抄本和總譜都扣下了。席卡奈德靠《魔笛》賺了好幾年大錢，還為自己塑了一座雕像。

由於過度疲勞，莫札特的身體狀況已惡化到了非常危險的程度，他已試過好幾次，突然一陣暈眩，整個房間都翻轉過來的情景，之後，他什麼也不知道了。

想一想

1. 莫札特的生活狀況怎麼樣？
2. 《魔笛》的成功在哪裏？

十四 最後的《安魂曲》

　　一七九一年夏天，莫札特為了節省開支，經常鎖上家門，住在席卡奈德的涼亭裏。倫敦的一位劇院經理邀請海頓和莫札特去英國為音樂會作曲。海頓答應前往；莫札特卻拒絕了。

　　海頓臨走時，莫札特陪了他一整天。兩人一面彈着樂曲，一面長時間的交談。分手時，莫札特含着熱淚，悲傷地説：「這也許是我們最後的告別了。」

　　莫札特的好朋友達・龐蒂也要走了。他也來勸説莫札特和他一起走，莫札特也拒絕了，他説：「現在去哪兒也沒用，太晚了。」

　　妻子康施坦莎還在巴登養病，醫生説她患了靜脈炎，需要洗六十次礦泉浴才能痊癒。莫札特上哪裏去掙這筆錢呢？沒有辦法，莫札特只好收了幾個有錢人的孩子當學生，以前他對於這種做法是嗤之以鼻的。

　　有位名叫居斯邁爾的年輕人來找莫札特，請求作他的學生。莫札特收下了他，並時常傳授自己的創作體會：「我以為，在歌劇中，詩藝完全應當做樂藝的聽話

的女兒。一部歌劇，如果情節設計得巧妙，那它是一定會成功的。僅僅是為了音樂，才需要歌詞。不該為了趁韻而胡編亂湊，那不但不能加強效果，反而分散聽眾的注意力——我説的是，那些不適當的詞句甚至整篇的歌詞，破壞了作曲家完整的構思。最理想的情況是要有一位這樣的作曲家，他懂得舞台藝術，而且善於提出好的建議來配合那個本身也能幹的詩人。能做到這樣，那又何愁得不到聽眾的喝彩。」莫札特的教學方式非常有效，居斯邁爾的許多作品竟然達到酷似莫札特音樂風格的地步。

一天，天氣異常炎熱，空氣像凝固了一般，悶得人難受。莫札特正昏昏沉沉地午睡，他聽到一陣不緊不慢的敲門聲，嚇了他一跳。

「請進。」他朝門外喊道。

一個瘦高個子的人閃了進來，這是一個陌生人，穿着一身黑衣褲，神情莊重而神秘。莫札特不經意地抬頭看了他一眼，不禁打了一個寒戰。莫札特從椅子上站起來，那個黑衣人冷冷地朝莫札特鞠了一躬，遞上一封信，不等莫札特將信拆開，就轉身告辭了。莫札特站在門口，望着這位神秘人物漸漸遠去的背影，心裏產生了一種莫名其妙的恐懼感。

　　莫札特打開信，信中説，希望莫札特能夠作一首《安魂曲》，並願意提供很大的一筆酬金。另外，要求莫札特不要以任何方式調查委託人是誰。

　　《安魂曲》又被稱為《追思曲》，一般在天主教堂舉行的悼念亡靈彌撒儀式上以合唱形式演唱，後來，加上了樂隊和獨唱。許多著名作曲家都寫過《安魂曲》。

　　莫札特隱隱地感覺到，向他約稿的這個人是死神那裏派來的使者，這是死神在向他召喚。

　　事實上，約莫札特寫這首曲子的是維也納的一位伯爵，名叫瓦爾澤格，他會拉大提琴，但愛在別人面前冒充作曲家。他委託僕人到處尋找那些有作曲天才而又貧困的作曲家，把他們的作品用優厚的價格買來，然後簽上自己的名字，在自己的家裏進行演奏，向來客炫耀自己的才華。這一次，他的妻子去世了，他委託管家向莫札特訂購作品。

　　就在莫札特即將着手創作《安魂曲》時，利奧波德二世將被加冕為波西米亞國王，布拉格的全國國民議會來函委託莫札特創作一部慶典歌。布拉格人對莫札特的狂熱崇拜和熱情友好，使莫札特難以拒絕他們的請求。他帶着居斯邁爾去布拉格。當他準備離開時，那個黑衣人又突然出現在他面前，説：「您要出遠門嗎？那《安

魂曲》怎麼辦？」

莫札特説：「我很快就能回來，一回來就寫《安魂曲》。」

布拉格的那部歌劇如期完成，但首演以失敗告終，莫札特也覺得作品寫得很粗糙，毫無吸引人之處。

莫札特回到維也納，開始寫《安魂曲》。他的健康狀況越來越差，不但經常暈倒，還伴有劇烈的頭痛，臉色越來越蒼白，神經也有問題。

深秋時節，康施坦莎從療養地回到家裏，見到莫札特時她大吃一驚，莫札特已經瘦得不成樣子，更讓她焦慮不安的是莫札特三句話不離「死」這個字。康施坦莎為了讓他散心，僱了輛馬車和他來到維也納的郊外。他們曾在這裏度過許多美好的時光，但是這一次，莫札特看見美麗的深秋景色時突然流下眼淚來，他説：「親愛的康施坦莎，我不得不告訴你，我在考慮死。我每時每刻都在考慮死。這就是我必須完成我的《安魂曲》的原因。」

康施坦莎被嚇壞了，她哽咽着説：「請你不要再説這些可怕的事了。」

莫札特説：「死亡不可怕，它是非常美麗的，我覺得死亡才是生活的真正目標。」

從那天起，莫札特經常對康施坦莎説到死，還神秘兮兮地説有人給他下毒，這個下毒的傢伙就是宮廷樂隊指揮薩利里。為了給莫札特治病，康施坦莎請來了醫生。醫生説：「《安魂曲》對莫札特的心理壓力太大，它誘導着莫札特向死亡的道路上邁進。」

在醫生的建議和妻子的請求下，莫札特答應暫不寫《安魂曲》。可莫札特身體好些後，他又爭分奪秒地寫起《安魂曲》來。他把全部的心血和精力，把全部深淺的思想和超人的技巧都融入作品裏。他知道，自己快要走到生命的盡頭了。

他的學生居斯邁爾一直守在他身邊，幫助他謄寫樂譜。《安魂曲》一共有十二個樂章，前兩個樂章全部由莫札特單獨完成，後面六個樂章沒全部完成，居斯邁爾只需做些技術上的處理。第八、九樂章，是居斯邁爾根據莫札特留下的提綱寫成的。最後兩個樂章是居斯邁爾根據老師創作思想寫出來的。

莫札特寫的這首《安魂曲》，是人類如何對待生與死的經典作品，它能給活着的人帶來無比的安慰，感到「死亡是一個比生存更高的境界。」這表明莫札特是帶着一種歡樂的心情結束他艱辛的一生，面帶微笑迎接死神的到來。

音樂神童 莫札特

莫札特病得很重，躺在牀上。

一七九一年十二月四日的星期天下午，莫札特讓人用枕頭把他支起來靠在牀頭，示意朋友們坐過來，他把《安魂曲》中《灑淚經》的樂譜遞過去讓他們唱。朋友們唱了起來，聲音很輕，當唱到高潮時，莫札特臉上現出痛苦的表情，他還年輕，還有許多事沒有做完，他不能就這麼死去……稍過片刻，他的情緒又平靜下來。傍晚時候，莫札特昏迷過去。

窗外颳着凜冽的寒風，豆大的雨點挾着雪粒打在屋頂上。屋內的人被寒冷凍得直打戰，當他們睜眼時，發現偉大的天才作曲家沃爾夫岡‧阿瑪杜斯‧莫札特的心臟停止了跳動。這是一七九一年十二月五日凌晨一點，莫札特三十五歲六個月零八天。

一陣突如其來的大雷雨把所有的哀悼者都趕了回去。在斯蒂芬教堂，放着莫札特的遺體。莫札特的遺體是他的兩個僕人冒着大風大雨送到教堂的，他的妻子康施坦莎難過得幾乎昏了過去，所以沒有到教堂來。這次葬禮，十分簡單，是一次貧民式的葬禮。他被倉促地葬在馬爾克特貧民墓地。那位孤零零的掘墓老人甚至根本不知道這口廉價的棺材裏裝的是誰。

莫札特走了，十八世紀歐洲偉大的天才音樂家莫札

特就這樣帶着許多債務在貧困交加中離去了，但是，他給這個世界留下多少寶貴的財富，這個世界又欠了他多少東西呢？

一百年過去了，莫札特還在。

二百年過去了，莫札特還在⋯⋯

莫札特踏着音樂的神符而來，又攜帶着音樂匆匆而去，在他短暫而艱辛的生命中他將音樂的美、靈性、和諧撒遍了這個世界的角角落落，莫札特已深深融入我們的心裏，他的靈魂不朽！

1. 莫札特是怎樣完成《安魂曲》的？
2. 為什麼說莫札特的靈魂不朽？

莫札特生平大事年表

公元	年齡	事件
1756年	/	莫札特於一月二十七日出生在奧地利的薩爾茨堡。
1762年	6歲	莫札特去慕尼黑、維也納等地演出。
1763年	7歲	莫札特去旅行演奏，足跡遠至巴黎。
1772年	16歲	莫札特在薩爾茨堡勤奮創作，父子二人最後一次去意大利。
1777年	21歲	莫札特由母親陪伴去巴黎，結識韋伯一家。
1778年	22歲	莫札特創作《巴黎》交響曲，母親去世。
1779年	23歲	莫札特在薩爾茨堡教堂任風琴師。
1781年	25歲	莫札特與大主教赫羅尼姆斯決裂；重遇海頓。
1782年	26歲	莫札特在維也納與康施坦莎·韋伯結婚；德式歌劇《後宮誘逃》在維也納上演。

公元	年齡	事　件
1783年	27歲	莫札特開始創作獻給他的老師和朋友海頓的六首四重奏。
1784年	28歲	莫札特在維也納寫出一批優美典雅的鋼琴曲。
1786年	30歲	《費加羅的婚禮》在維也納公演。
1787年	31歲	《唐·璜》上演；莫札特的父親去世；莫札特就任約瑟夫二世的宮廷作曲家。
1788年	32歲	最著名的三首交響曲（第三十九、四十、四十一）相繼完成。
1791年	35歲	莫札特為《魔笛》譜曲，一位匿名人委託他寫《安魂曲》；於十二月五日去世，遺體被送往貧民公墓草草埋葬。

薩爾茨堡

　　莫札特於薩爾茨堡出生，短暫的一生中有大半時間在當地渡過。究竟薩爾茨堡是怎樣的地方？

地理

　　與維也納一樣，薩爾茨堡是奧地利的一個城市。它位於奧地利中部，在薩爾茨堡邦和德國巴伐利亞州的交界，是一座歷史非常悠久的老城。薩爾茨堡是一座山城，市內有多座山峯，如要塞山、蒙西斯山等等。

經濟

　　旅遊業是薩爾茨堡其中一個重要經濟支柱。1996年薩爾斯堡老城被聯合國教科文組織列入世界遺產名錄，每年吸引大量遊客到訪。薩爾茨堡市內的哈爾斯塔特小鎮亦於1997年被列入世界文化遺產，小鎮風景優美，成為當地重要旅遊點。

文化

　　音樂與薩爾茨堡密不可分。著名音樂電影《仙樂飄飄處處聞》在薩爾茨堡取景，故事根據薩爾茨堡修女的真實經歷改編，獲得多個電影獎項。當地不但每年舉辦

復活節音樂節，而且在莫札特出生日前後會舉行莫札特
周，進行各種音樂演出。

宗教

　　還記得書中提到當時薩爾茨堡階級森嚴的社會中大
主教與貴族同是上層人士嗎？以往，天主教在薩爾茨堡
有極大的影響力。今天薩爾茨堡已發展至包容不同的宗
教派別，但天主教堂仍然是隨處可見。

　　還記得莫札特曾經有段失意的日子嗎？當時，他四出尋找工作，但未有人賞識。如果你是莫札特，要寫一封求職信，你會如何在信中推銷自己的長處，吸引別人聘用你呢？試寫寫看。